歴史文化ライブラリー

121

読経の世界

能読の誕生

清水眞澄

吉川弘文館

原則として、初版で掲載した口絵は割愛しております。

目次

はじめに

言葉の力

人は、今もなお言葉の力を信じているだろうか。急速に進む情報技術の変化で、新しい世紀のコミュニケーションも変貌しつつある。インターネット通信で繋がれ、世界は急速に接近しつつある。一人一人が繋がる知の世界は、限りなく広がる。小学校から英語教育が行なわれ、新コンピューター・エイジが本物になることが期待されている。

しかし、その反面、現実を十分に体験し実感をつかむ前に、与えられる情報、与えられる仮想現実が際限なく広がり、自分から求めたり表現する力が急速に失われているように見える。自分に必要なものさえ手に入れば、後は関係ない。興味や関心も細分化して、他によって価値を与えられるものでしかない。その流れからはずれれば切り捨てられる。内と外と、互いに理解しあえる言葉の隔たりが拡大し、人間と人間の信頼しあう心が失われはしまいか。

かつて、本物の英知を求めて大陸に向かった人々がいた。真剣な求法《ぐほう》は波濤《はとう》を越えて、大量の新世界が日本の人々の前に展開した。それらをいかに理解するか、いかに持ち帰り広めるか、そこには異国の知の体系を、言葉の不自由や空間的な隔たりなど限られた条件のなかで、立体に組み立てようとする努力があった。自分のなかから真実を見出す力や、新たな世界を創造する力に学ぶことは大きい。

ヒーローの音

アノクタラサンミャクサンボダイ！

遠い日の記憶にかすかに残る、テレビの特撮番組のヒーロー変身のクライマックスである。インドの山奥で修行して神秘の力を身に付けたという主人公の叫び。そのパワーを保証するのは、この呪文に他ならない。画面の中で繰り広げられる勧善懲悪の物語に、それほど興味があったわけではない。だが、ヒーローが変身する時の呪文は、なぜか強く印象に残った。これが実は「阿耨多羅三藐三菩提」という、仏教の大切な理念であることが分かったのは、ずっと後のことである。

「阿耨多羅三藐三菩提」は「無上正遍智《むじょうしょうへんち》」と訳され、仏教の理想とする清浄な境地を表わす言葉である。『金光明最勝王経《こんこうみょうさいしょうおうきょう》』『般若心経《はんにゃしんぎょう》』『阿弥陀経《あみだきょう》』『法華経《ほけきょう》』などよく知られたお経に出てくるので、思い当たるかもしれない。

阿耨多羅三藐三菩提《あのくたらさんみゃくさんぼだい》
我が立つ杣《そま》に冥加《みょうが》あらせ給へ

そのまた昔、最澄は、比叡山に一つの草堂を開いた。延暦四年（七八五）、最澄が十九歳のときであった。この草堂は、後に比叡山延暦寺《ひえいざんえんりゃくじ》と呼ばれ、日本天台宗の総本山に発展する。延暦寺の中核となる根本中堂《こんぽんちゅうどう》（一乗止観院《いちじょうしかんいん》）を建立したとき、最澄はこの和歌を詠んだと伝えられている（『新古今和歌集』所収）。伝承では、最澄みずからが斧《おの》をとって中堂の建立に加わったともいう。桓武《かんむ》天皇が定めた平安の都、その東北の王城守護の地として延暦寺が永遠に存続してゆくことを祈念して、最澄は和歌を詠んだのである。

サンスクリットの響き

そもそも、「阿耨多羅三藐三菩提」は、サンスクリット語（古代インド語）であって、中国の漢字に訳され日本にもたらされたものである。これを梵《ぼん》語《ご》という。そのお経の聖句が、和歌という日本語の表現様式に組み込まれ、歌い上げられたところに意義がある。

音《こえ》は遠く三国（天竺《てんじく》・震旦《しんたん》・日本）へ伝わり、大和言葉と和合する。和歌は、日本人の心を歌うものである。そこに響く「阿耨多羅三藐三菩提」は、法音《ほうおん》（仏の教え）の新たな再生なのである。

仏の声は「お経」という文字に置き換えられて伝えられ、信仰によって文字から音へと再生されてきた。その音は、再生する者の精神と肉体の力によって、無限大のパワーに拡大する。日本のヒーローたちの叫びは、深層に宿る音の信仰に裏付けられてきたのである。

歴代の学僧たちは、梵語を究明して仏の発した原初の言葉を求める研究をすすめた。これを悉曇学《しったんがく》という。「あいうえお・かきくけこ……」、梵語の音声を体系的に分析するところから、日本語の五十音図が生まれた。『金光明最王経音義《おんぎ》』や『孔雀経音義《くじゃくきょうおんぎ》』に書き記された「五音」、すなわち五つずつに分類された音こそが五十音図の始まりである。つまりわれわれは小学校一年生のときから知らずして、お経の研究成果の延長にいるのである。

能読の時代

やがて、お経を読む専門家が現われた。読経僧《どきょうそう》である。彼らは、言葉の音一つ一つに仏が宿り、音の世界に御仏の世界が現われると考えていた。その名人たちは、能読《のうどく》と呼ばれていた。

ところで、京都の六波羅蜜寺《ろくはらみつじ》には、二つのたいへん有名な木像が収められている。一つは、開祖の空也《くうや》上人像である。念仏信仰を示すものとしてよく知られる。杖をつき、念仏を唱える上人の口から「南無阿弥陀仏」の一つ一つの音が仏と現じて飛び出るさまを表現している。平安時代の末、仏の名を連ねて唱える念仏が盛んになった。空也像の姿は、まさに平安時代の音の信仰を具体的に示している。

もう一つの、平清盛像として伝えられる像は、お経の巻物を手に持っている。これは、後世、清盛が常にお経を持ち読誦《どくじゅ》する持経《じきょうじゃ》者として理解されていたことを示している。『法華経』の「法師功徳品」には、経典受持、読誦の大切さが説かれていることでよく知られるが、主要なお経はみな、受持読誦することを説いている。こうした修行をする人々を持経者という。清盛の時代、もう一人の最高権力者であった後白河院もまた持経者であったことが知られる。そして、院はこの時代、僧俗の能読たちの頂点に君臨した。現在伝えられる院の姿もまた、お経を手に持っている。院政期の権力者にとって、持経者であること自体が、文字と音を支配することに他ならない。

声技のスター

経読みの専門家である読経僧に対して、仏の教えであるお経を分かりやすくエピソードを豊富に説く説教が生まれた。名人は、美声でリズミカ

獣たちは、感涙を流し、数珠を繰る者もいる。

その後には、男女・僧俗さまざまな人々がみえる。
ていたことが窺える。

『鳥獣人物戯画』甲巻（高山寺蔵）

蛙の本尊の前で猿僧正が導師を務め、兎と狐が読経を行っている。聴聞の

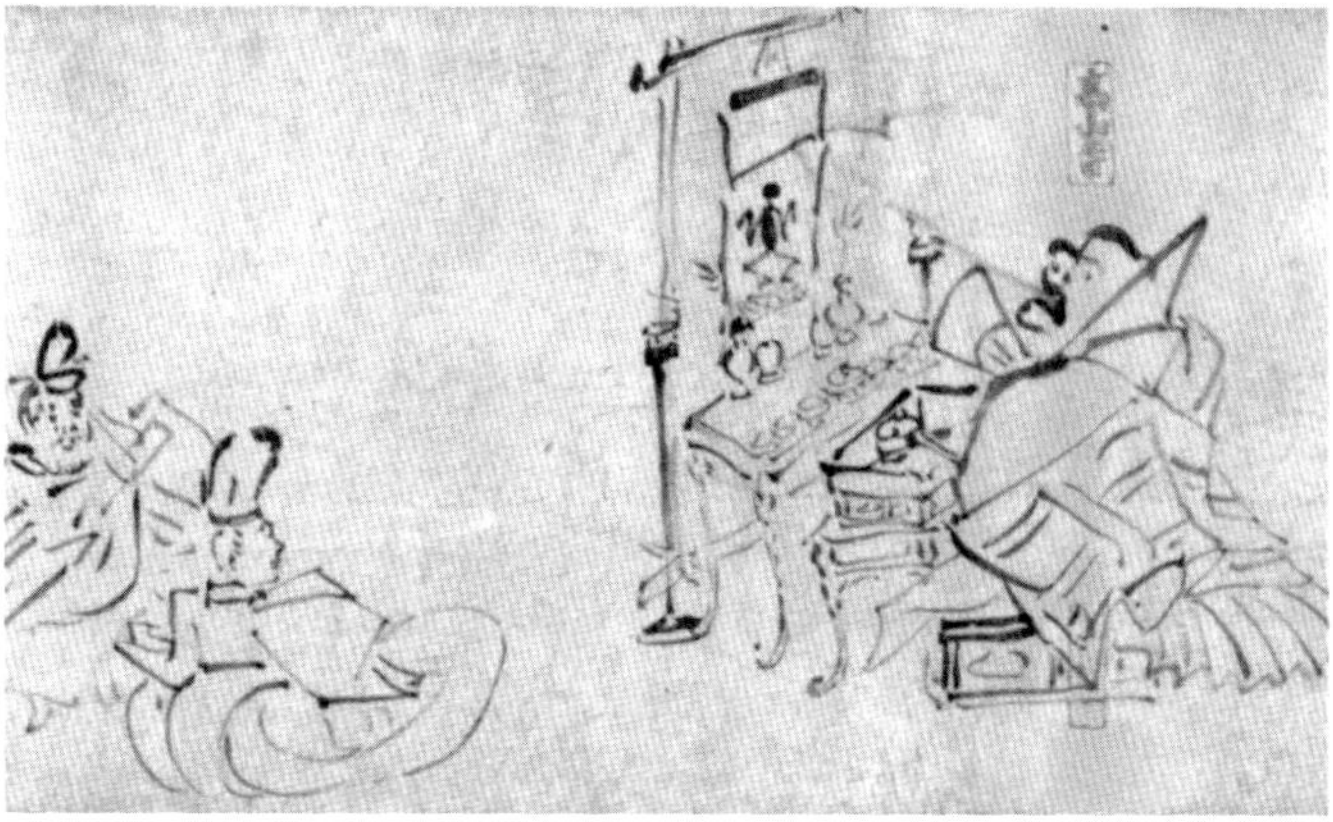

同上　丙巻（高山寺蔵）

蛙の骸骨を描いた本尊を供養する導師。経机にはお経の巻物がのせられ、
甲巻と比べてみると、作者が現実の法会のなかに戯画化の材料を見出だし

ルに教えを説き、能説《のうせつ》と呼ばれた。美声で美男の名人たちはスターでもある。彼らは、説教に節をつけ、言葉巧みに声色を使い分ける。その声技は芸能として発展し、節談《ふしだん》説教、講談や浄瑠璃へと流れているのである。

伝え合う言葉の力を求めて

このように、お経の学問は、述べ伝えられるなかでさまざまな流れを生みだし、日本の文化を支えてきた。この人から人へ、伝えられる言葉の力と思想をその音に求めてみたい。

本書を成すにあたっては、仏教史や音楽史、それぞれの経典の信仰と思想など、じつに多くの先学の書に教えを受けた。本書をきっかけとして、今まで知る人の限られていた仏教の音の世界に触れ、西から東へ、過去から現代へ、人々が伝えてきたものは何かを考えていただけたら幸いである。本書は、古代から中世にかけての日本人の音の思想を紹介する。あわせて能読たちと、その音を聴聞した人々の心に響きあった音の世界を結び合わせてゆく。

読経の音

法音を求めて

虚空蔵求聞持法の行者

『今昔物語集』という平安時代の説話集に、一人の稚児《ちご》が学問に目覚め、極限の修行のなかで奇跡が起こった話が載せられている。

児《ちご》、年十八にして心に思う。（中略）是《これ》によって、所々に遊行《ゆぎょう》して苦行を修した。あるいは阿波《あわ》国の大龍《だいりゅう》の嶽《たけ》に行って、虚空蔵《こくぞう》の法を行なうに、大きな剣《つるぎ》が空より飛び来たった。あるいは土佐国の室戸崎で求聞持《ぐもんじ》の行を観念するに、明星が口に入ったのであった。

（『今昔物語集』巻第十一、「弘法大師《こうぼうだいし》渡唐伝真言教帰来語《とうにわたりしんごんのおしえをつたえてかえりきたれること》」第九）

この児こそ、日本の真言宗の祖で高野山金剛峯寺《こんごうぶじ》を開いた弘法大師空海のことである。空海は、若き日に『毛詩《もうし》』『左伝《さでん》』『尚書《しょうしょ》』などを読み学んだが、得るところ無しとみきわめるや、激しく厳しい修行に入る。この話は、後に空海自身が著わした『三教指帰《さんごうしいき》』に述べられている。それによれば、「虚空蔵の法」、「求聞持の行」というのは、虚空蔵菩薩を念じて一日に百万遍の真言を唱えて強力な暗記力、学力を得る秘法である。中世には、この空海修行の故事に憧れて、土佐の洞窟から伝説の証拠である石を持ち出して都に送ろうとした者も現われた。お経の文は複雑で難しい。正しく発音するのも難しい。その説くところを理解するのは最も難しい。空海はそれを果たした者として尊崇されたのである。虚空蔵求聞持法を体得した空海の口に鮮烈に輝く明星が入ったとの伝承は、美しく神秘的である。虚空蔵菩薩は宇宙のそのものを象徴する仏であって、明星はその宇宙エネルギーである。それが体内に入ることで行者は世界と融合し、世界の音《こえ》を得たのである。それは、異国の音を受け継いで己のなかで再生する力を得たことでもあった。この後、空海は夢想により久米寺で『大毘盧遮那経《だいびるしゃなきょう》』と巡り会う。空海はこの経典の教えを求めて大陸に渡ったという。

唐の長安で空海は、経典の翻訳で名高かったインド僧の般若三蔵《はんにゃさんぞう》と牟尼室利三蔵《むにしりさんぞう》を訪ねて、梵語《ぼんご》（サンスクリット語）をマスターした。当時の長安は、仏教・儒教・道教・マニ教・景教《けいきょう》・回教などさまざまな宗教と民族のるつぼであり、空海もまたあらゆる知識を吸収したに違いない。そして空海の最大の願いであった密教の請来《しょうらい》は、真言宗第七世の青龍寺の恵果《けいか》から相承を受けることで叶《かな》ったのである。また、空海は書道の達人で三筆の一人に数えられるが、唐に滞在中の空海と文字にまつわる不思議な話が伝えられている。空海は出会った童子に勧められて川の上に「龍」の字を書いた。文字は川を流れることなく、最後の点を加えて完成した瞬間、龍王に変じて昇天したという。この童子こそ智慧の仏である文殊《もんじゅ》菩薩であった。空海は真言声明《しんごんしょうみょう》の祖でもあり、空海をめぐる文字と音の伝承は、その卓越した言語の力と思想への敬慕から生まれ伝えられたのである。

『正倉院文書』に見る読経

僧であるためには仏の教えが理解できなければならない。その第一が、経典を正しく読むことである。読経《どきょう》の力は重んじられた。そして、読経自体が修行であった。東大寺の正倉院《しょうそういん》に収められた記録である『正倉院文書《もんじょ》』（大日本古文書）には、「優婆塞貢進解《うばそくこうしんげ》」「優婆夷貢進解《うばいこうしんげ》」という、出家を希望する男女（これを優婆塞・優婆夷と呼ぶ）について師の僧の推薦をつけて許可を申請した書類が残されている。そこには、申請する人々の基礎的修行の成果として、読経の能力が記されている。日本の漢字音の研究においてよく知られた資料であるが、ここでは代表的な例を取り上げる（表記は、読みやすさを考えて一部改めている）。はじめの一通は、天平十四年（七四二）に書かれたものである。

僧霊福《そうれいふく》　謹《つつしんで》　解《とく》　申　貢度人事《しんこうするどにんのこと》

欟本連道堅満侶《つきもとのむらじみちのかたしまろ》年廿八
右京三条二坊戸主従八位上本連大食戸口

読経

法華経一部　音訓　即開題　最勝王経一部　音訓

涅槃《ねはん》経一部　音訓　注維摩《ゆいま》経一部　訓　方広《ほうこう》経一部　音訓

弥勒《みろく》経一部　音訓　金剛般若《こんごうはんにゃ》経一巻　音訓　千手経一巻　音訓

仏頂《ぶっちょう》経一部　音訓　摩訶摩耶《まかまや》経一巻　音訓　浄飯王《じょうぼんおう》経一巻　音訓

誦経《ずきょう》

法華経一巻　理趣《りしゅ》経一巻　薬師《やくし》経一巻

千手陀羅尼《せんじゅだらに》了　仏頂陀羅尼　百法論

浄行八年

天平十四年十一月廿三日

二通目の文書は年月未詳である。

丹波史年足《たんばのふひととしたり》年廿五
左京四条四坊戸主丹波史東比戸口

読経　法華経一部　音訓
最勝王経一部　音訓
涅槃経一部　音
方広経一部　音
弥勒経一部　音
金剛般若経　音訓
薬師経　音訓
十一面経　音訓
理趣分　音
千手経　音訓

誦陀羅尼　千手陀羅尼
般若陀羅尼
方広陀羅尼

最初の道堅満侶は二十八歳、二番目の年足は二十五歳と、二人の人物は三歳違いである。

だが、その経典読誦《どくじゅ》の能力には差が見られる。前者は『法華経』をはじめ、主要な経典十一種余りを音訓両様で読むことができる。この場合の「一部」とは、全巻という意味である。『注維摩経』一部が訓のみであるのは、注釈書であったためかと思われる。そのうえ「誦経《ずきょう》」すなわち暗唱できる経論や陀羅尼（真言に同じ。サンスクリット語を音訳した呪文）は、六点で、八年間の修行の成果である。一方、後者は、同じく『法華経』以下、十種の経典を読むが、訓読できたのは、六種にとどまる。陀羅尼は三種のみである。

こうした文書で読み方を注記した例は限られているが、この二例からも経典を読み習う（誦習）には、まず音読が優先され、訓読はより高度な修練が必要であったといえよう。今日、読経といえば呉音直読であって、訓経に接する機会は限られている。しかし訓経を拝聴するとき、経典の内容が耳に馴染み理解しやすい。音としても柔らかく、より心地よいように思われる。後述するように講経など、経文を引用しての説法の起源は、この訓経に始まるのではあるまいか。

天皇と正音の思想

年分度者《ねんぶんどしゃ》について、『類聚三代格《るいじゅうさんだいきゃく》』という古代の法令集から、その経典読誦の規定を確認したい。『法華経』と『金光明最勝王経』を中心に示す。この二つの経典は、ともに国分寺で読経することが定められた護国経典である。法令が出された年次順に整理して示す。発令日は後掲参照。

経典名	音別	七三四年	八〇六年	八四二年	八五一年	八六九年
法華経	漢音	暗誦	○	暗誦	○	○
	訓		○			○
金光明最勝王経	漢音	暗誦	○	暗誦	○	○
	訓		○			○
その他		戒律	なし	なし	三種類	なし

①天平六年（七三四）十一月二十日　＊聖武朝
②延暦二十五年（八〇六）正月二十六日　＊桓武朝
③承和九年（八四二）十二月二十七日　＊仁明朝
④仁寿元年（八五一）五月二十一日　＊文徳朝
⑤貞観十一年（八六九）五月七日　＊清和朝

これを見ても、八世紀から九世紀までおよそ百三十年間、天皇による漢音奨励がすすめられていた。国家仏教の基礎を開いた聖武《しょうむ》天皇に始まり、平安京を開いた桓武《かんむ》天皇へ、奈良時代から平安時代の前半にかけて、記録のうえでも天皇の正音が、仏教＝読経の音を規制していたことは、注目してよい。

古代の僧たちは、戒律や僧侶としての基本の学問はもちろんであったが、それにもまして、二種類の護国経典を漢音と訓で暗唱できることが必要であった。これに対して、先に見た『正倉院文書』の僧に推薦された者の能力がいかに高かったかが明らかになろう。しかしその一方では、仏教が広まるにつれて、課税逃れのために勝手に僧となり山野に逃れる者が多くなった。これを私度僧《しどそう》という。彼らを単に排除するだけではなく、僧の一定のレベルを保つために、国家は、読誦に一定の規範を与える必要があった。それは、僧が、護国経典を正音で読むことで、国土を護持するためであった。そして、国土が正音で満たされるとき、天皇の王権もまた守られるのであった。

桓武天皇と十二律

平安時代になって注目されるのは、延暦二十五年（八〇六）の場合である。よく知られるように、桓武天皇の母は、渡来人の家の出身である高野新笠《たかののにいがさ》であった。歴代天皇のなかで、最も国際的な天皇といえよう。七九四年、平安遷都《せんと》によって新時代が開幕した。桓武天皇は、漢音の促進に熱心であった。平安遷都の直前、延暦十一年（七九二）には明経道の発声通読を漢音とし、翌十二年四月に、漢音を学ばなければ得度《とくど》させないと定めた（『日本紀略』）。以後、二十年、二十三年、二十五年と延暦年間に少なくとも四回の漢音奨励が認められる。たとえば、二十三年正月七日の詔勅《しょうちょく》は、当時の学生の行ないを正し、修法の義務を明らかにしている。『日本後紀』に収められた詔勅によれば、三論《さんろん》を学ぶ者が少なく、法相《ほっそう》を学ぶ者が多いことが指摘されている。三論宗も法相宗もともに仏教の根幹の思想を学び、南都六宗に数えられている。三論宗は「中論」「十二門論」「百論」の三つの論を学ぶが、諸行無常の思想の基となった「空《くう》」の思想で知られる。これに対して、法相宗は「瑜伽論《ゆがろん》」「成唯識論《じょうゆいしきろん》」を学ぶ。この二つの宗派それぞれに五人ずつ年度の得度者を定め、業に堪《た》える者がなければ認めないとする。それぞれの学生《がくしょう》には経論と疏《そ》を学ばせて、『法華経』と『金光明最勝王経』は同業であるから、『華厳経《けごんきょう》』と『涅槃経《ねはんきょう》』をそれぞれ一業とした。経論に通熟すべきではあるが、諸論を読むといえども、経を読まないものは得度《とくど》（僧尼の正式な認定）をさせない。ただし、経論を広く学び義がことに高い者は、漢音に限定しない。そして詔《みことのり》は、永く恒例とすると結ばれている。

さらにこのときの官符で注目されるのは、音楽との関係である。得度の要件である経典読誦の、その年度に認められる人数を諸業十二名としている。その内訳は次のとおりである。

華厳《けごん》業二人―『五教指帰《ごきようしいき》綱目《こうもく》』
天台業一人―『大毘盧遮那《だいびるしやな》経』
　一人―『摩訶止観《まかしかん》』
律《りつ》　業二人―『梵網経《ぼんもうきよう》 若瑜《にやくゆ》伽声聞地《がしようもんち》』
三論業二人―『三論』
　一人―『成実論』
法相宗二人―『唯識論』
　一人―『倶舎論』

十二人と定める理由は、「十二律に準《なぞら》える」ものとしている（『類聚三代格』巻二）。

十二律とは何か

十二律は、東洋音楽の基本である。次の十二の音から成る。ただし、時代や人によりその音調が異り、日本と中国では異っているので注意が必要である。

○一越　いちこつ　　○鳧鐘　ふしょう
○断金　たんぎん　　○黄鐘　おうじき
○平調　ひょうじょう　　○鸞鏡　らんけい

○勝絶　しょうぜつ　　○盤渉　ばんしき
○下無　しもむ　　○神仙　しんせん
○双調　そうじょう　　○上無　かみむ

『前漢書』の「律暦志《りつれきし》」によれば、伝説の中国皇帝黄帝《こうてい》が伶倫《れいりん》（音楽を司る官人）に命じて、黄河の源、伝説の仙女西王母《さいおうぼ》が住むという崑崙《こんろん》山に生えている竹を採らせて十二の竹の筒を作り、鳳声《ほうしょう》（正しい音）を定めたという。やがて、鳳凰《ほうおう》の音が天皇の正音のシンボルとなった。

正音の思想

桓武天皇が、十二律を重んじたのはなぜか。中国の音楽理論では、基本音を黄鐘にとり、そこから三分損益《さんぶそんえき》の理論によって他の音を定め作られた音階である。その起源は古く、伝承は『管子』『呂《ろ》氏春秋《ししゅんじゅう》』『史記』などにも見える。音楽史の上では、周代に起こり、漢代に整えられたと考えられている。中国と日本では、音の名や高さに異同があるが、日本の音がいつ定められたかについては明らかでない。

十二律は、時を刻むことと深い関係があって、十二ヵ月あるいは十二時にあてはめられた（『声明口伝』『十二調子事』ほか）。これは時という自然界の規律を音に写し、天体の運行を音楽理論で読み解くものである。

たとえば、三分損益の法では基本音から一定の比率によって音階を定めていく。その音楽理論は、数学と密接にかかわる。古代ギリシャの黄金比は、「数字は自然界を表わす言語である」との思想から生まれた。その流れを引く西欧の初期の天文学は、天体の運行の法則を求めるのに音楽をイメージした。このように、音楽は世界を示すものであった。

帝王と正音

中国古代の帝にとって、音を統《す》べることは世界を治めることであった。じつは、中国の唯一の女帝である唐の則天武后《そくてんぶこう》（六二八ころ〜七〇五）は、この点で音の思想に最も関心をもった帝王の一人である。十二律を定めたとも、その十二律から七つの音を選んで七声を編ませたともいわれ、楽書の編纂《へんきん》も行なったと伝えられる。さらに日本の国分寺の思想も、則天武后の大雲寺建立に影響されていたと考えられている。仏教を擁護して文化を繁栄させた点も功績があった。また、則天文字を発明して後世に影響を与えてもいる。

桓武天皇にとって、こうした唐の思想にならって、神仙境からもたらされたという帝の鳳声《ほうしょう》＝正音を継承することは、天皇の王権をより強固にするために必要不可欠であった。だからこそ、日本の律令制度のうえで読経の力量を認定する場合にも強く意識したのである。

正音を求めて

音の試験

お経の正音を保つための試験では、次のような基準があった。すなわち合格の要件は、本業十条、戒律二条の計十二条が試され、そのうち七条ができることであった。本業が通過しても戒律を習っていない者は不合格である。また、経論の読誦は漢音とされたが、その教義の習得が特に高度な者は、漢音に限らず認められた。これを見ても延暦二十三年（八〇四）の詔《みことのり》に従っていることは明らかで、知識や技能のみが重視されるのではなく、僧侶としての行動規範を会得した者が認められるとしている。『続日本後紀《しょくにほんこうき》』承和九年（八四二）十二月十七日条所載の勅制には、「護持国家、利益《りやく》群生」のために「妙法最勝」を最もその先とすべきことが述べられている。延暦年中以降、五宗それぞれに十二人ずつ得度の割り当てがあった。ここに天台と華厳、三論と法相と律の各宗が並び立ったのである。しかし、演説をする者は多く、暗誦する者は少ない。そこで、先の十二人のほかに経典別にさらに一人ずつ度者を定める。そして得度者は業に従ってそれぞれ近江の妙法寺ならびに最勝寺に入るものとされた。この勅から護国経典として『法華経』『金光明最勝王経』を最優先とする規定が確立したことが知れる。そして、当時の経典の解説を優先させ、暗誦を敬遠しがちであったこともわかろう。

試験では経典の暗誦は序品《じょぼん》（最初の章段）から終わりまでとされ、そのうちで一句半偈《はんげ》が不分明であれば不合格と定められている。その読誦音の判定は、音《おん》博士が格式に則《のっと》って行なった。藤原基経（昭宣公。八三六〜八九一）は、「此の頃、私意に任せて選択した結果、道を失っていると聞く。漢音を捨てた場合は試験資格はない」と述べ、「皇王之顕教」に背くことのないように強く指示している。しかし、その「漢音」の習熟は、試験を課すことによって達成されるものであり、避けて通ろうとする者が少なくなかったのであろう。「漢音」は、当時の日本人が獲得した漢字音とは開きが大きかったのである。

護国経典と専門寺院　護国経典の修業に国家が求めたのは、正音での経文再生の力であった。そのための専門の寺院が経典別に近江にあったことも興味深い。当時の近江は、北から受け入れた外国使節の到来ルートでもあった。後藤靖・田端泰子編『洛東探訪　山科の歴史と文化』（淡交社、一九九二年四月）によれば、渤海国《ぼっかいこく》（朝鮮半島北部から中国の東北部にあった国）は、七二七年から日本と通交を結び、およそ二〇〇年の間に三四回の使節を送ってきた。使節は、能登・加賀・越前・若狭から近江を経て、山科《やましな》で日本側の出迎え（郊労使）の歓迎を受けるのが通例であった。渤海国から日本は、交易のみならず大陸の情報を得ていた。こうした北からの外国文化の伝来の地として、かつて天智天皇が大津京を開いたことを考えても、古代近江の重要性が明らかであろう。そこに設置された寺々が、『法華経』と『金光明最勝王経』の正音を守ることは、護国修法に大きな意味があったに違いない。

宮廷人の評価と漢音　では、古代の国際化社会のなかで、「漢音」ができるということは、どのように評価されていたのだろうか。『続日本後紀』には、平安時代初期の対照的な二人の貴族の死去記事にそれぞれの人物評価が見える。

一人目の参議従三位朝野鹿取《あさののかとり》（七七四〜八四三）は、若くして大学に遊び、頗《すこぶ》る史漢に渉り、兼《か》ねて「漢音」を知る。はじめて音生を試み、やがて文章生《もんじょうしょう》となる。その後、遣《けん》唐准録《とうじゅんろく》や大宰大典《だざいだいてん》、式部録、左大史《さだいし》、左近衛府将監《さこのえふしょうげん》などの職を歴任した。弘仁二年（八一一）に、嵯峨天皇の侍講《じこう》（師範）を務めて従五位下に叙せられる（承和十年〔八四三〕六月八日条）。三大漢詩集の一つ『文華秀麗集《ぶんかしゅうれいしゅう》』の作者でもあり大歌《おおうた》をよくした。

二人目の散位従四位下善道真貞《よしみちのまさだ》（七六七～八四五）は、三伝三礼を以《もっ》て業となし、兼ねて能《よ》く談論す。但《ただ》し、旧来「漢音」学ばず、字の四声を弁別せず、教授に至るも総じて「世俗踏訛《とうか》之音」、つまり世俗の訛《なま》った音のみであった（承和十二年〔八四五〕二月二十日条）。

前者は正史の編著者から見て望ましい学生であって、漢音を専門に学んだうえに文章《もんじょう》学《がく》を修め、国際関係の職務を歴任した。そして左大史として『日本後紀』『内裏式』の編纂に加わっている。紀伝道《きでんどう》（史学）で漢音が重視されたことを反映した記述である。

これに対して後者は望ましくない例である。三伝三礼《さんでんさんらい》とは、すなわち「左氏《さし》伝」「公羊《くよう》伝」「穀梁《こくりょう》伝」の三種類の『春秋』の伝と、『周礼』『儀礼』『礼記《らいき》』の三種類の書である。儒教を教授する立場でありながら、漢音を習得せず、四声の区別もつかないで、世俗の訛《なま》った音でしか読誦・講説できなかったという。それでも教授が勤まったということは、それは、明経道《めいけいどう》（儒学）ではそれほど漢音に習熟していなくてもよいという学派の違いによるのかもしれない。そして当時、世俗の訛った音、すなわち呉音や対馬《つしま》音のような日本流の漢字音が大学寮においても通用していたことは認めなければならない。しかし、正史はあくまでも「皇王之顕教」であって音によって明らかに流伝し、天皇の正音は「漢音」であると述べている。

仁明天皇と漢音

桓武天皇から四代後、仁明《にんみょう》天皇（八一〇〜八五〇）も、漢音奨励策を推しすすめた天皇であり、『法華経』『金光明最勝王経』の暗誦の規定を設けた。天皇は、四十一歳で崩御した（『続日本後紀』嘉祥三年（八五〇）三月二十一日条）が、二十五日の仁明天皇の山陵送葬の記事には、次のように述べられている。

帝は叡哲聡明にして、綜《そう》じて衆芸に苞《ゆたか》であった。最も経史《けいし》に耽《たん》じ、講誦を倦《う》まなかった。能《よ》く漢音を練習して、其の清濁を弁《わきま》えた。（後略）

仁明天皇の治世は、唐風文化の最盛期であった。天皇は頭脳明晰で、あらゆることに秀でていた。経史に没頭して講義や誦習を厭《いと》うことがなかった。漢音に練達して、その清濁をよく弁別した。帝王学として学んだ『群書治要』の流、百家の説で通覧しないものはないというほどの勉強家でもあったという。「漢音」が天皇のステータスであったことが窺《うかが》える。

大学と音博士

ところで、「漢音」を判別する音博士とは何か。桃裕行氏の研究（『上代学制の研究』〔『桃裕行著作集』第一巻、一九九四年六月、思文閣出版〕所収）を参考に、制度としての音を確認しておきたい。音博士は「こえのはかせ」ともいい、『文選』『爾雅』を基にして呉音・漢音を教授した。式部省大学寮にあって、特定の専攻する学生を持たず、四百人の学生および僧に読誦音を教える。官位は従七位上に相当し、後に従五位相当とされた。

音博士の記録の早いものは『日本書紀』持統天皇五年（六九一）九月四日条に「音博士大唐の続守言《しょくしゅげん》・薩弘恪《さつこうかく》、書博士《てかきのはかせ》百済末士善信《くだらのばつしぜんしん》に、銀、人ごとに二十両賜う」とある。翌年十二月十四日には、この音博士の続守言と薩弘恪の二名に水田四町ずつが与えられている。漢字の表記と発音習得に、外来の学者をわざわざ取り立てて大切に扱っている点にも、日本の漢音化政策の熱意が見てとれる。しかも、一人は最初は捕虜として来日している。

斉明天皇七年（六六一）十一月条の『日本世紀』（逸文）を引用した記事によれば、福信が捕獲した唐人として続守言らが、筑紫に到来したことが見える。それによれば、朝鮮半島の動乱で捕虜となった唐人百六人余りが日本に送られた（同六年十月条）。美濃国不破《ふわ》・方県《ほうあがた》に住むことが認められ、七年の場合は近江国の墾田《はりた》に置かれたという。

渡来人には、「朝貢」も含めて自発的に日本に来た人々もあったし、難民もあった。技術や知識に期待して日本側が積極的な招聘《しょうへい》をする場合も多かった。日本の朝廷はこれらの人々の居住地を定め、東国を含め各地に集落を設けた。斑状《まだら》に異文化が地域に投入される政策は、蝦夷の俘囚《ふしゅう》対策にも見られる。技術者・労働力の拠点配置、あるいは同和化という意図を認める考え方があるが、捕獲された者のなかにも人材があった。続守言のように、規範音としての漢音を伝え、三十年近い年月、日本の大学で日本人の読誦音の国家規格化に寄与して評価されていた人物があったことは注目に値しよう。

唐人の音博士

『続日本紀』にも、古代の音博士が見える。光仁天皇朝の宝亀九年（七七八）十二月に玄蕃頭《げんばのかみ》従五位上清村宿禰《きよむらのすくね》の姓を賜った袁晋卿《えんしんけい》のことが述べられている。袁晋卿は唐の人で、天平七年（七三五）に日本の遣唐使に従って渡来した。そのとき、彼は十八、九の青年であった。そして、『文選《もんぜん》』『爾雅《じが》』の音を学び会得していたので、大学の音博士に任じられた。以後四三年にわたる功績により、日本人としての姓を与えられたのである。袁晋卿は、後に大学頭にいたり、安房守《あわのかみ》を務めた。さらに、平安時代に安然の著わした『悉曇蔵《しったんぞう》』に表信公の名で見える。唐からの渡来人が日本の音の歴史に大きな足跡を残し、尊崇されていたといえよう。

ところで『続日本紀』の袁晋卿の記事で注目されるのは、『文選』『爾雅』の音は、当時の中国人青年もやはり学習によって習得するものとされていた点である。推測されるのは、一般の唐の人々の言語にもさまざまな位相があり、正統な学問の音が社会的な評価に結びついていたことである。

『文選』と『爾雅』

『文選』は梁《りよう》の昭明太子が周から梁にいたる約千年の文章・詩賦を集大成したものである。日本では、後に「文選読み」という同一の語を音読したうえで、さらに訓読する、いわば解釈読みが行なわれたことで知られる。たとえば、「野干」を「やかんのこぎつね」と読む。「やかん」が音、「こぎつね」が訓である。

『爾雅』は、作者未詳、漢代初期以前に編まれたとされる。漢字を意味分類して十九門にわけて、類義語や訓詁《くんこ》（原文の解読と解釈の学問）を集成する。後の宋代に十三経の一つに確定されるように、基本的な儒教経典であった。

こうして見ると、持統天皇朝の続守言といい、この袁晋卿といい、長期間にわたり継続的に同一の渡来人に教授されて、大学寮という国家の権威の場で日本の読誦音の確立が図られたのであった。それは、それぞれ別の古来の音が存在するがゆえに必要な学習であった。文学と儒教、さらに仏教経典の音が統合され、日本人の習得「漢音」が生み出されていた。ただし仏教の経典の場合は、『法華経』『孔雀経』など一部であったとされる。

儒教と正音

その後、平安時代の初めには、改めて明経道《めいけいどう》（儒学）を専門に学ぶ学生と、紀伝道《きでんどう》（史学）を学ぶ学生に漢音の誦習が命じられている。桃裕行氏によれば、延暦十一年（七九二）閏《うるう》十一月の勅に、明経道の学生が漢音を習わないことを指摘し、「発声読誦」を正すために、大学および国学明経生に「漢音」を学ぶことを命じている（『令抄』『日本紀略』『弘仁格抄』）。

さらに、十七年二月十四日の格には「諸読書出身人等」の漢音使用のことと、呉音の使用禁止が定められた。十六歳以下の大学生は、次のようにコース別に学ぶ書籍を定め、それぞれの音を読ませる。

明経道（儒学）コース志望→『毛詩《もうし》』の音

紀伝道（史学）コース志望→『爾雅』『文選』の音

「諸読書出身人」は、コース進学以前の一般科の学生で、博士について講義のみを受けただけで出身する者をいう。

ところで、明経道の志望者が学ぶ『毛詩』は『詩経』ともいい、孔子《こうし》の撰と伝えられる中国最古の詩集の一つである。孔子は、盲人音楽家の師曠《しこう》に音楽を学び、民の音を聞いて国の盛衰を知るとして、採詩官が国中の詩を集め施政者に届けることを説いた。この思想は、後の『古今和歌集』の序にも受け継がれるように、日本の文芸に大きな影響を与えた。

このように、儒学と史学で基礎に学ぶ書が異なるのは、それぞれの学問の性格によるものというよりも、基本的に漢音であることは同じであっても、すでに流派が生まれていたものと考えられる。この段階では、音を専門とする学生はいなかったが、弘仁八年（八一七）ころには音道を専攻する学生が置かれたと考えられている。大学生はまず音博士について経文を白読《はくどく》（素読）し、十分に熟達してから講義を受けた。『延喜式』（延長五年〔九二七〕成立か）には、大学寮の規定に音博士が見える一方、「漢語師」という語も見える。

「読み」と学問

平安時代中期になると、音博士は明経道の付属とされた。上代の渡来人に代わって、中原・清原氏がその職務を独占的に務めるようになった。学問の家学化・教官の世襲化がすすむのに従って、大学そのものはしだいに意義を失い、治承元年（一一七七）の焼亡を機にその実態をも失った。それに代わって、中原・清原両家が外記《げき》局の職務を担って弟子の育成と訓詁を中心とした儒学の継承が行なわれた。

一方、こうした官学に対して、早い時期から音博士・書博士が私塾を経営することが認められている。菅原氏や大江氏といった学問の家もまた、それぞれの音を持っていた。

「読み」とは、学ぶものであり、学問は誦習、すなわち読み習うことから始まる。時代を問わず、音の種類を問わず、正音を持つことが必要だったのである。

読む大学受験

ところで、官人の「読み」とはどのようなものであったろうか。大学寮で一般の学生が擬文章生となるための試験（寮試）は、素読《そぞく》のみであった。『延喜式』大学式によれば、博士の推薦を得たうえで、「一史文五条」のうち、三条以上が通れば合格であったという。ここにいう「一史」とは、『史記』である。『史記』は前漢の司馬遷《しばせん》（紀元前一四五〜九〇ころ）が、伝説の時代の黄帝から前漢を起こした武帝までの歴史を紀伝体で著わした百三十巻の書で、正史の規範である。日本でも、歴史を著わすための基本とされた。

院政期の大学寮の試験の記録が残されている。源俊房が著わした『水左記《すいさき》』元永元年（一一一八）三月十八日条に、鳥羽天皇の時代の寮試《りょうし》（大学寮の試験）の具体的な記述が見えている。それによれば、事前に受験者が寮試の試験官に届けておいた三冊の書籍の一部を音読する。このときの受験者の一人に、勧学院の弁別当《べんのべっとう》を務めていた藤原為隆の息男である朝隆《あさたか》がいた。

勧学院は南曹《なんそう》とも呼ばれ、藤原氏一門のための私学であった。その弁別当の家であれば、試験の故実・作法には精通していたはずである。後に能書として知られるこの少年は、『史記』のうち「五帝本紀」を「引音《ひきごえ》」で読んでいる。勧学院には「勧学院の雀は『蒙求』を囀《さえず》る」（『宝物集』『義経記』ほか）といわれるように、読みに音楽的な節付けがあったと推測されている。そして大学寮の『史記』などの読みも、同様であったのである。

もう一人の記録に残る受験生は、平信範の息男、信義である。『兵範記《ひょうはんき》』久寿元年（一一五四）四月十八日条によれば、彼はこの日に入学のために寮試を受けた。かねてから暗誦してきた『史記』の三種類の本文である「高祖本紀」「蕭相国世家《しょうしょうこくせいか》」「張儀伝」を、それぞれ三、四行読んで終わっている。このとき、頭が笏《しゃく》を叩き、その響きに合わせて読む。読み終えて「三巻読了」とされる。院政期の大学寮では、すでに史書といえば『史記』のみとなり、独自の読誦法があったことがわかる。こうした寮試の受験方法は時代によって少しずつ変化しながらも、故実として家々に継承されていた。

読む音、歌う音

大学の試験での「読み」として注意されるのは、第一に対象となる典《てん》籍《せき》の特定化であり、第二に部分読みの固定化である。さらに、「引音」という読みの技法があり、試験官の笏の叩きに合わせることである。音声・技法・リズムに独自の「読み」が行なわれていた。後述するように、こうした変化は、仏典の「読み」

でも起こっていた。そして、「読み」の師範の家が成立し、家説が生まれるとより複雑化してゆく点でも、儒教と仏教は共通するといえる。「読み」の記録として生まれた訓点も、音博士による音の規定を共通としたことから、両者の交流があったことに視界が望める。

漢詩句を歌う

中世の音楽の書に、『文机談《ぶんきだん》』がある。そのなかの第二冊「詠曲事」に、「朗詠の曲は、起こりは儒家から出た。その故は、博士が詩を講義する時の「せう」の声という事から起こった」（岩佐美代子『校註　文机談』、笠間書院、一九八九年九月）と述べている。「せう」は頌と解釈されている。こうして学習としての詩文読誦から、「朗詠」という歌謡が生まれてくるのである。

河口久雄氏の『和漢朗詠集』の解説によれば、初期の朗詠は漢音直読であったらしい。『河海抄』という中世の『源氏物語』の注釈書に収められた小野篁《おののたかむら》作の「青海波詠《せいがいはえい》」や、『教訓抄』に収められた同じく篁作の「輪台詠《りんだいえい》」によって認められている。しかし、後には文選読みの朗詠の例もあり、時代によってさまざまな読みがあったようである（『和漢朗詠集　全訳注』、講談社学術文庫・岩波日本古典文学大系『和漢朗詠集』）。

『和漢朗詠集』は、朗詠を代表する最大の書である。藤原公任《ふじわらのきんとう》（九六六〜一〇四一）が編纂した古代の和歌二一六首と漢詩句五八八首のアンソロジーである。このなかに、現代にも継承される曲に、「嘉辰令月《かしんれいげつ》」（謝偃《しゃえん》作）という慶賀の曲がある。

嘉辰令月歓無極《かしんれいげつかんぶきょく》

万歳千秋楽未央《ばんせいせんしゅうらくびよう》　（巻下、祝）

院政期の九条兼実《くじょうかねざね》の日記『玉葉』文治二年（一一八六）六月二十日条に、勧学院の学生がこの曲を音と訓の二様で詠唱したことが見える。このように、朗詠がさまざまな様式で変化しながらも後世まで愛唱されたのには、その音の力を抜いては考えられないのである。

正音の外側

桓武天皇の詔以降、長く得度の規定は生き続けた。そして、得度の認定に、音博士が大きな役割を果たし、大同四年（八〇九）、高貞門継《たかさだのかどつぎ》が納所《なっしょ》に参じて漢音を試みたことが『伝述一心戒文』によって知られている。奈良時代の「漢音」を天皇の正音とした絶対性は、寛平六年（八九四）の菅原道真の建議による遣唐使の廃止や、新時代の密教の隆盛とともにしだいに失われる。本章で資料として取り上げてきた律令もまた呉音読みが伝えられている。漢音奨励の法令そのものが呉音であったとすれば、不可解な自己矛盾であるのは、築島裕氏の指摘されるところである（国語学叢書3『平安時代の国語』、東京堂出版、一九八七年四月）。これを考えてみると、呉音はすでに定着していた民の音であった。したがって律令の呉音は、漢音で律令を理解できない国民にむけての音であった。民の音には民に宣《の》る音、鳳声＝正音を理想とする天皇には、奏上する律令の音、王朝の音も場に応じて使い分けられていたのではなかろうか。呉音は和音であるとも捉えられていたからである。当時の日本には、国家の規範の外に広がる音の世界があった。中世の『貞永式目抄』にも「律令格式は皆呉音に読んだ」とあり、『貞永式目』も呉音であるが、漢音もまじっていると記されている。国の正音と民の呉音の二重構造の名残りは中世にも及んでいた。

表現の日本化

多様な音は、橋本進吉氏によって八世紀の『万葉集』から見出された上代特殊仮名遣いに見られる。万葉の時代の人々は、豊かな音の種類を使い分ける「やまとことば」を持っていた。そして、「やまとうた」という韻文の表現形式を整えるなかで、民族の音の表記として呉音は早く用いられていた。音声のうえで、アクセントやイントネーションのうえで、呉音という日本化した漢字音は日本人と分離し難くなっていたと考えられる。そして、次の時代に、漢字から仮名文字という表音文字の機能が分化していく。漢字の部分化して生まれた片仮名や、変形体の平仮名は、実はテキストの部分化や変形と同じ表現の日本化なのである。そして、「やまとことば」の表記に漢字という外国の文字を用いたところに、「読み」という日本語の多重性が確定したのである。

密教伝来

祖師たちの求法

奈良から平安へと、仏教に対して国家宗教としての信仰が高まる一方、教義への真摯《しんし》な追求が行なわれ、幾多の危険を冒して中国に教えを求める人々が続いた。そのなかに、最澄《さいちょう》（七六六～八二二）が登場した。最澄は、延暦四年（七八五）に比叡山に草堂を開いた。最澄は比叡山に入山し、飢えることをも憂えず経典を読誦《どくじゅ》し、座禅を好み、「禅悦《ぜんえつ》の妙味」、つまり、宗教者としての最高の喜びを得たと伝えられる。

その最澄の入唐以前の様子が、『叡山大師伝』や『扶桑略記《ふそうりやっき》』延暦二十一年（八〇二）九月二日条からうかがえる。すなわち桓武天皇から、最澄は法華の奥旨《おうし》（深い教え。奥義）

を求めて、西海を渡って天台の教文を伝えよとの詔《みことのり》があった。最澄は、それに対して上表文に次のように述べている。

秦《しん》国の鳩《く》摩《ま》羅什《らじゅう》は流砂を超えて求法《ぐほう》し、唐朝の玄奘《げんじょう》三蔵は葱嶺《そうれい》を超えて師を尋ねた。これらの人々は皆、年数を限ることなく得業をなした。すなわち西域の方言を習ったのである。法蔵は、東の地にその教えを伝えた。この度の求法は往還に限りがあり、数百の経典を求め諸洲を歴問してその人に逢おうとすべきである。しかし自分は未だ漢音を習っておらず、また訳語に暗いので、異俗にあってその意を述べることが難しい。当年得の沙弥義真は幼くして漢音を学び、唐語を略習している。若くして聡明であり、渉《わた》っている。殊に天恩を蒙《こうむ》ってくだんの義真に求法訳語をなさしめ、兼ねてまた義理を学ばせるよう計らい下さい。

ここでいう「漢音」は、大学の音博士から誦習する正音である。また「唐語」は当時の中国語である。求法僧の条件として、こうした経文読誦のための正音を習っており、中国語に堪能であることが理想とされていた。最澄が義真を推薦するためとはいえ語学について謙虚であったのは、唐という国際社会のなかで求めるべき新しいより神秘な教え、奥義の重要性を正確に理解し、求法に必要な語学力の大切さを知っていたからである。

延暦二十二年、最澄は入唐の準備に取りかかる。そのなかには、神仏への祈禱も含まれていた。大宰府の竈門山寺で、遣唐使の四船が無事に到達できるよう、壇を造り、薬師仏四体を造立してその名号を唱えたと伝えられている。翌延暦二十三年（八〇四）七月、最澄はついに遣唐第二船で入唐を果たした。そして念願の学問の後、二十四年六月、無事に長門国に帰り着いたのであった。

このとき、最澄は新しく写しとった天台法門と真言秘教を伝えた。伝えるのに成功した経疏記等は、総じて二三〇部、四六〇巻、陀羅尼法門は三千余巻であったとされる。この天台教学を日本に本格的に伝えた功績に対し、後に伝教大師と呼ばれるようになったのである。しかし、最澄の新しい天台宗は、東大寺や興福寺をはじめとする南都教団と対立したため、悲願の大乗戒壇《だいじようかいだん》の建立はその死後七日のことであった。

一方、空海（七七四〜八三五）は、最澄に先立ち同じ延暦二十三年五月の遣唐第一船で入唐した。二年間に当時隆盛であった密教を学び、帰朝後、教王護国寺《きようおうごこくじ》（東寺）を賜って真言道場を開く。弘仁七年（八一六）には、高野山に金剛峰寺を開いた。空海が伝えた真言密教は、平安時代の人々の不安や欲求によく応え、教勢を増した。これに対して、密教を十分請来《しようらい》することのできなかった最澄は、生前、空海に経典の借覧を申し入れ、不足を補おうとした。しかし、経典のみによって法を得ようとする学問の姿勢を空海はよしとせず、両者は決別する。この後、密教請来を悲願とした天台宗は、ついに円仁の入唐求法《にっとうぐぼう》によってその願いを叶《かな》えるのである。奈良時代にも密教は伝来していた。そこで、平安時代の密教を純密、それ以前の密教を雑密《ぞうみつ》と呼んで区別する。仏教の新時代が到来したのである。

空海と音の思想

ところで空海の文字と音声に対する思想は、仏教・言語学・国語学・医学史など各方面から注目されており、『即身成仏義』・『声字実相義《しようじじつそうぎ》』『吽字義《うんじぎ》』の三部作や、『般若心経秘鍵』等に代表される。なかでも『声字実相義』は、密教における声＝音の思想の白眉《はくび》であろう。空海の説く「声」の定義を頼富本宏《よりとみもとひろ》氏の現代語の要旨を参照しつつ次に掲げる（日本の仏典2『空海』、筑摩書房、一九八八年六月）。

体内にある気息と、口外にある空気が少しでもぶつかりあえば、必ず響く（音響）ことを名づけて、「声」という、すなわち、響きは必ず声によっており、声は、響きの本質である。声が起こると、無意味ではありえず、必ず物事の名義名跡を表わすことを「字」と呼ぶ。名は、必ず実体を示し、このことを、「実相」と名づけて、「声」・

「字」・「実相」の三種が、それぞれ区別されているのを「義」と名づけるのである。また、四種の存在要素（四大）がそれぞれ接触すると、音響が生じることを呼んで、「声」というのである。五種の音階（五音）・八種の音色（八音）・梵語における七種（七例）の、または八種の格変化（八転）といったものは、これらは、みな全て音声があってはじめて成立する。音声の名義を明かにすることは、必ず文字によってである。文字の起源の根本は、六種の認識対象である。六種の認識対象の文字については後述のとおりである。

空海は「声字」はかりそめであって、「実相」があって成り立つものである。そして、「実相」にはかならず「声字」がつくものであると説く。「声字」はこの世のすべての表現であり、密教はこの表現を重んじる。空海は『大日経』の教えをもとに、独自の言語哲学を構築したものと評価されている。それによれば、大日如来の説法はすべて音声文字によると考えた。その音声文字は、この世界の六つの構成要素（六大）を本体とする。したがって、人間が経験するすべてが音声文字なのだ。

さらに、空海は『吽字義《うんじぎ》』で梵語について、その思想を深めた。梵語は古代インドの言葉であるサンスクリット語を指す。このサンスクリット語は、アルファベットと同様に表音文字によって著わされる。その音は子音と母音の組み合わせで作られる。古代インドでは、バラモン教の僧侶がその文法を研究したが、そこから生まれたのが声明《しょうみょう》である。その学問によれば、サンスクリット語には五一文字があり、最初の文字は阿《あ》字であり、最後の文字が吽《うん》字である。よくいう阿吽《あうん》の呼吸というのは、この最初と最後が正しく呼応することをいう。また、サンスクリット語の最初の文字「阿」を密教では重んじて、「阿字観《あじかん》」という、文字を通してすべての根源を観想する修法がある。

しかし、空海が重んじたのは末尾の「吽《うん》」による観想であった。吽字には、阿字、訶《か》字、汙《う》字、麽《ま》字の四つの音が含まれ、それは仏の四身、すなわち四つの在り方であるという。四身は「法身」「報身」「応身」「化身」をいう。とすれば、音こそが仏であり、吽字は仏そのものであり、この世のすべてが含まれている。吽字の音に仏の声を知ることもまた、仏に近づくことであった。さらにより仏に近づくために、サンスクリット語そのものを研究する悉曇《しったん》学が、日本でも行なわれたのであった。

いろは歌と五十音図

空海は漢詩文を著わしたことでも有名である。漢詩集に『性霊集《しょうれいしゅう》』、文章の創作理論を述べた『文鏡秘府論《ぶんきょうひふろん》』がある。また、『篆隷万象名義《てんれいばんしょうめいぎ》』は、中国の古本『玉篇』の抄出を主とした辞書である。経論を学ぶことに言葉の学問と思想があり、文芸としての漢詩文の創作は、空海のなかでは不可分の営みであった。

ところで、「いろはうた」の作者を、人々は弘法大師空海に擬して考えてきた。

いろはにほへと　色は匂へと
ちりぬるを　散りぬるを
わがよたれそ　我が世誰そ
つねならむ　常ならむ
うゐのおくやま　有為の奥山
けふこえて　今日越えて
あさきゆめみし　浅き夢見し
ゑひもせす　酔ひもせす（ん）

日本語の表音文字の基本である四七の仮名を、七・五調に托して仏教の無常観を読み込んだものである。それは、人々を感嘆させたに違いない。だから、その作者を求めて、こうした文字と音声の学問と思想に大きな足跡を残した空海に、後世の人が仮託したものと考えられている。

仮名文字と音の学問

仮名文字の基本は四七字であっても、日本語の音の数は、一般には一〇六（七）音といわれる。その音を整理するために、五十音図が考え出された。五十音図は、「あいうえお」という五種類の母音を基に組み立てられている。これは悉曇学の文字の研究法から考え出されたものに他ならない。初期の五十音図は、現在のものとは母音も子音も配列が異なる。そしてこれらの最も古いものは、醍醐寺蔵『孔雀経音義《くじゃくきょうおんぎ》』（平安中期書写）の末尾に載せられているが、この書全体の作者も、音図の作者もわからない。あるいは、比叡山延暦寺の西塔で作られた可能性が指摘され、醍醐寺と延暦寺との直接的、または間接的な宗派を超えた学問の交流が推測される。

一方、大東急記念文庫蔵『金光明最勝王経音義《こんこうみょうさいしょうおうきょうおんぎ》』（承暦三年〈一〇七九〉書写）の末尾に添えられた図には、「五音又様」「五音」の呼称が記されている。古く五十音図は「五音《ごいん》」と呼ばれていたわけであるが、この「五音」という名称は、音楽の用語でもある。すなわち十二律の五つの主要音から宮《きゅう》・商《しょう》・角・徴《ち》・羽《う》の五つの音が定められている。

五音と五行思想

「五音」は、儒教や道教の五行思想と結び、火水木金土の五行思想は、季節・五色・五味・方位・五大仏・五臓・乱など世界の構成要素とやはり結んでいるのである。代表的な例を『声明口伝』から次に示そう。

音	調子	季	五行	色	味	方位	仏	臓器	乱
角	変調	春	木	青	酸味	東	阿閦仏	肝・胆	主上
徴	黄鐘調	夏	火	赤	苦味	南	宝生仏	心・腸	臣下
商	平調	秋	金	白	辛味	西	阿弥陀仏	肺・腸	百姓
羽	盤渉調	冬	水	黒	鹹	北	釈迦	腎・膀	草木
宮	一越調	土用	土	黄	甘味	中央	大日如来	脾・胃	個人

『声明口伝』は、五音が乱れる時は天下の擾乱《じょうらん》があり、五音が相応しない時は人が死ぬ時であると述べている。これが院政期の『五韻次第』（伝・良源作）になると、五十音図に結びつけられて、一越調にア行、変調にカ行・ワ行、黄鐘調にサ行・ヤ行、平調にハ行・マ行、盤渉調にタ行・ラ行をあてて、さらに仏界から地獄まで六道をあてはめるなど、すでに中世的な展開を見せている。また、『五韻次第』は、空海の説として『文鏡秘府論』から四声論を引用している。空海は、四声（中国語の字音の四種類のアクセント）は四方・四季・四仏・四波羅蜜であると述べており、語の発声・発音のレベルにおいても音に意味を付している。それは、天台宗の音の思想にも影響を与えたのである。

空海の後に出た安然は、『悉曇蔵《しったんぞう》』（八八〇年成立）において五音の気の内に四声を発すると述べている。このことからも、五音はこの四声の思想を基に発展したと考えられる。音に体系を与えることは、音を整えることであり古代の人々にとって重要であった。日本語は五つの母音を基に、子音との組み合わせで成り立っている。したがってこの図を最初に考え出した人物は、悉曇学の知識によって整理した日本語の音の基本を五つの母音に求め、これを世界の基本の音を示す「五音」と名づけたと考えれば理解できる。日本語の知識の体系化に、音の世界観が組み込まれていたのだ。なお、現代の五十音図と同じ形式のものは、院政期の悉曇学の学者である明覚の『反音作法』で、わずかにヤ行とワ行が入れ代わっている。

妙音院師長の音の秘伝

院政期の大音楽家である妙音院師長は、声楽にも楽器にも通じていた。神楽や声明、朗詠に今様、和琴に琵琶など、およそ師長が手がけない音楽はなかった。その師長が、次のように五音《ごいん》をわかりやすい偈《げ》（詩の一種）にまとめている。『音曲秘要抄』から示そう。

宮　山河落カ如　　山河の落つるが如《ごと》し
商　村子絲引延タルカ如　　叢濃《むらご》の糸を引き延べるが如し

角　鉄木金銀華サクカ如　　鉄《くろがね》木に金銀の華咲くが如し
徴　霞底鶯囀スルカ如　　霞《かすみ》の底に鶯の囀《さえ》ずるが如し
羽　春柳風乱ニ如　　春の柳の風に乱るるが如し

この偈は、ほかにも『五韻次第』『十二調子事』『音曲秘要抄』や『読経口伝明鏡集』『法華経音義』などの声明や読経の学問に広く伝えられた。諸書に異同があるが、なかでも『十二調子事』が最も説明が詳しく、「角」に小野篁《たかむら》の「鉄棒を綿にくるみたるようにせよ」や、上宮上人（聖徳太子）の「くろがねの木に金の花咲きたるようにせよ」といった口伝が加えられている。『声明口伝』に「角」が乱れるとき、主上（天皇）に違乱が生ずるとされていたことを考えれば、声明、読経の世界に、より深秘（深い秘密の教え・思想）として小野篁や聖徳太子の口伝や伝承が形成されていたわけである。

『十二調子事』によれば、弘法大師（空海）は「音声を宗とすれば仏果に至る」とし、「仏経を読むには『商』の音をもってせよ」と述べたという。『声明口伝』には、「商」の音が乱れるとき、「百姓《ひやくせい》」すなわち万民が乱れ苦しむことになるとあった。広く読経は商の音を整え、民のために行なうとの思想があったといえよう。

また、伝教大師（最澄）は「声は仏事をなし、これを名付けて経となす」とし、天台宗では十二調子のそれぞれが九界を表わすとして九つずつ繰り返し細分化し、ついには天文学的単位に至ったと述べている。こうした音の分析の伝承は四声にもあり、実際の発音やアクセントというよりも、極限まで仏の世界に迫ろうとする姿勢を示した象徴的なものと考えられる。

法音の威力

仏教に限らず、広く音声に霊力が宿るとする思想を、音霊《おとだま》信仰という。また、言葉に霊力が宿るとする思想を言霊《ことだま》信仰という。どちらも古代人の信仰のなかに共通して認められるものである。仏教は儒教や道教、あるいは民俗的な要素を取り込んで法音の思想を築いたのである。したがって、音楽も言語もこれらを示す文字も神仏に通じる。だからこそ、法会には全体を一つの音楽として構成されるものがあり、法楽が重んじられる。祈禱や読経が国家の安泰や渡航の安全を保障し、疫病の流行を防ぎ、病が癒《いや》されるとされるのである。

ところで、経文は漢訳したり日本語で訓読できるものばかりではない。サンスクリット語の経文は、陀羅尼《だらに》と呼ばれる。もとの仏陀の言葉を中国で漢字に音訳し、そのまま伝えようとしたのである。陀羅尼の読誦は、密教の重要な修法となっている。空海の『般若心経秘鍵』は、顕教の経典が密教の経典として解釈されることを説いたものである。『般若

『梵本心経　訳経記』（法隆寺献納宝物、東京国立博物館蔵）
梵字の『般若心経』に漢訳と読みが付けられている。

心経』のなかには、仏教の諸宗派の教えが組み込まれ、その最後にすべての教えの頂点である真言密教の秘法があるのだという。「ギャテイギャテイ」の陀羅尼の音は、すべての世界を含むのであり、さらに梵字の一字一字に世界が込められている、そしてその一字を念誦することで、全世界に通達できるのだと説く。陀羅尼の呪術的信仰は、古密教の時代、特に淳仁天皇が『般若心経』の読誦を臣民に命じていることで知られる。また僧尼の得度の条件として陀羅尼の読誦が重んじられていたことはすでに見てきたとおりである。

天台宗では、慈覚大師円仁が入唐して、南インドの宝月三蔵に陀羅尼を習っている。その記録によれば、円仁は日本の音を「本郷音」と呼び表わしている。その成果は、初めて『法華経』の中の陀羅尼に声点（文字を読むための符号）を加えたことにも反映されている。密教が本格的に請来され、基本的な学問はもちろんのこととして一方で仏陀の音を再現するための学問として悉曇学が深められ、もう一方ではさまざまな修法が盛んに行なわれるようになった。その結果、読経にも専門家が生まれてくるのである。

能読の誕生

読経の歴史と思想

白毫の光—煌めく音

平安時代から院政期に流行した今様《いまよう》という流行歌謡がある。後白河法皇（一一二七〜一一九二）が編纂した『梁塵秘抄《りようじんひしよう》』には、五六六首が収められている。なかでも、仏教の信仰をわかりやすく説いた歌を法文歌という。

文殊《もんじゆ》の次をば何とかや　をいく〳〵導師が子なりけり
眉間白毫《みけんびやくごう》照らすには、十二の菩薩ぞ出で給ふ
（岩波新日本古典文学大系『梁塵秘抄』巻第二、二八一番歌）

文殊は文殊師利菩薩のことで、この菩薩が智慧の仏であることはよく知られている。その智慧は文字と音を司る。文殊菩薩の力で次々と伝えられた経典には、十二人の菩薩が宿

っているのである。白毫は、仏の三十二種類あるという印（三十二相）のなかでも最も重要だと考えられていた。その力は、光の波動としてイメージされる。

鎌倉時代の読経僧の書には、この今様を読み解く鍵がある。『読経口伝』には、冒頭に十二声図が描かれている。これは、漢字の四つのアクセント（四声）を区別するのに、漢字の四隅のいずれかに点（声点）を打って示すのだが、これをさらに細分化したものである。実際の発声発音を示したものではなく、おそらく中国の音楽理論である十二律にもとづく観念を示している。この図の中央には胎蔵界大日如来、両脇に類三世諸仏・眉間《みけん》光明仏が描かれ、声点の一つ一つに文殊・普賢・釈迦・阿弥陀・観世音・弥勒などがあてはめられている。

文殊菩薩は諸仏の母とも讃えられ、声技の世界では、読み上げる経文、説かれる教えの音の一つ一つが信仰の対象であった。法音を口にするとき、仏の化身であることが明らかになる。そのような信仰があった。けれども、その声には秘伝・口伝が存在する。それは、実子相伝でもあったのだ。今様はそれを暗に揶揄《やゆ》するのである。

読経とは何か

読経は、経という仏陀の言葉を結集した文を読むことである。仏の教えを学ぶために読むことが読経であった。正確な言葉を学ぶためには、師の僧の読誦に従って何度も読みを繰り返す。これを誦習《ずしゅう》という。読経は経典を学ぶために行なうのが本来である。やがて読むこと自体が修行として行なわれるようになった。中国でサンスクリット語やパーリ語の経典が自国語に翻訳され、日本に伝えられた。中国伝来のそれらの経典は漢訳によるものが多かったが、多羅葉《たらよう》と呼ばれた大きな南国の葉に書かれたサンスクリット語の経文もあった。誦習と修行、さらには祈願の読経がもたらされた。

　読経は経典を見ながら読む「読」と、暗唱する「誦」に大別できる。さらに読経にかかわる語としては、「転経《てんきょう》」「誦経《ずきょう》」「念経《ねんきょう》」などがある。それぞれの宗派、諸流によって区別や意味範囲が異なる。行法としての読経には、一般に次の四つが挙げられている。

「真読」（信読）は、経典を最初から最後まで文字に即して読むこと。次の「転読《てんどく》」（略読）は、大部の経典を読む。後には経典の部分読みですべてを読んだとする形式がとられた。三つ目は「心読《しんどく》」、仏の世界を観想して読む。最後は「身読《しんどく》」（色読）といい、身をもって経典の教えを実行する。

　天台宗では、修行上の位を五段階に分けてその第二を「読誦品」という。『法華経』を読誦して、経典の説く実相と、内心の妙解・妙観が一致して真実がますます明らかになるとする。

浄土宗では、浄土三部経を読むことを「読誦正行《しょうぎょう》」、それ以外の経典を読むことを「読誦雑行《ぞうぎょう》」として区別する。さらに仏の徳を称えるために読むのを「諷経《ふうきょう》」、祈願のために大部の経典を読み、独自の作法を持つものを「転経《てんきょう》」、熟読吟味して経典を読み学ぶことを「看経《かんきん》」という。

こうした区別のほかに、読み方の緩急によって、真読・行読・草読の三つの分け方がある。時宗では「念声一体」といって心に仏を念ずることと、仏の名号《みょうごう》を唱えることは一体とする。このように、読経念仏はそれぞれの宗派ごとに信仰の理念がある。そのうえで、いかに読むかは大切な問題なのであった。

沈約の四声論

経典を読誦することは、そのこと自体が言葉の音韻を研究する学問であった。サンスクリット語の発音やアクセントを外国人たちが学ぶには、それらを強調した読みが必要であった。さらに、中国語には、声調、すなわち四声がある。四声とは「平声《ひょうじょう》」「上声《じょうしょう》」「入声《にっしょう》」「去声《きょしょう》」の四つである。古い時代の四声の論考を、空海が『文鏡秘府論《ぶんきょうひふろん》』天巻にまとめたことで、中国では散逸してしまった貴重な文献の面影を知ることができる。それは、沈約《しんやく》（四四一～五一三）の『調四声譜《ちょうしせいふ》』である。そこにはインドの音声論の影響が認められている。陳寅恪氏ら中国の研究者によって「声」は声の高低を表わし、英語などでいうピッチ・アクセントにあたることが指摘されている（藤堂明保『中国語音韻論――その歴史的研究――』、光生館、一九八〇年）。

紀元前一五〇〇年ごろのインドの『ベーダ』（バラモン教の経典・賛歌集）の声明論では、声はその高低によって三つに分かれる。経典の転読にともなってこの音の区別が中国にもたらされた。そこでインドに倣《なら》い中国でも声を三等分し、平・上・去の三つを定めた。そしてその上に、他と区別が容易な入声を加えて四声としたのではないかという。しかし、沈約の時代には四声の概念は十分共有化されていなかったとされる。さらに沈約の説に反論を唱える者もあった。というのも、古代中国では、『周礼《しゅらい》』にも見えるように五声――宮《きゅう》・商・角・徴《ち》・羽《う》によって声を分類していた。五声は五音ともいい、古来より音楽の用語でもあった。これを言語に高低アクセントがあることに目覚めたとき、音楽用語から言語音にも用いて解釈されるようになった。これについては、音楽の概念と言語の概念に開き、あるいは意識の差があり、一般に一致していたとは言い難い。そこへインドのベーダ朗誦法がもたらされ、四声が成立したと推察されている。既に指摘されているように、沈約の時代は音の鑑賞が最も盛んであったからである。日本の中世の楽書『愚聞記《ぐもんき》』は、梁の沈約が詠詩を作ったとし、日本に伝わった後、上古は学ぶ者が稀であったが、延喜の御代（醍醐《だいご》朝）に中興され、さらに院政期に妙音院師長が楽しんだことから盛んになったと述べている。

声明の始まり

ところで、読経を音楽として享受することはいつごろ始められたのだろうか。声明を梵唄《ぼんばい》ともいうが、仏陀の時代にすでに声明があったことは、『十誦律《じゅうじゅりつ》』が示すところである。また、『法華経』の「方便品《ほうべんぽん》」にも歌唄して仏徳を頌栄《しょうえい》することと、そのことによって皆が成仏することが説かれている。『賢愚《けんぐ》経』は、唄比丘あるいは鈴声比丘、妙声尊者と呼ばれた声明の名人がいて、人も獣も感動させたことを記している。一方、『摩訶止観《まかしかん》』には、馬鳴《めみょう》菩薩が声明「頼吒和羅《らだわら》（妓《き》）」（「頼吒和羅」という妓曲）により五〇〇人の皇子を出家させてしまったために、出家者の続出を恐れた王によって声明が禁止されたことが記されている。声明に、人の心を魅了する力が認められよう。そして仏教が生まれたインドで、すでに声明に光と影があったことが推測されるのである。

伝説によれば、黄初六年（二二五）、魏の武帝の第四皇子である陳思王《ちんしおう》曹植《そうち》が、黄河のほとりの魚山で梵唄を作った（『三国志』『釈氏要覧』『法音珠林』『仏祖統紀』ほか）。『三国志』魏書によれば、曹植は、十歳あまりにして『詩経』『論語』『楚辞《そじ》』など数十万言を誦読し、文をよく綴ったという。『梁高僧伝』巻第十三によれば、曹植は深く声律を愛し、意を経音に属し、「般遮《はんしや》」の瑞《ずい》響《きよう》に通じ、また魚山の神製を感じたという。日本の天台声明の中心地は大原である。この地を魚山と呼ぶのは、この故事にちなむのである（天納傳中『声明――天台声明と五台山念仏の系譜』、春秋社、一九九九年二月）。また、「般遮」については、インドのパンジャブ地方のことではなかったか（同『天台声明概説』、叡山学院、一九八八年八月）。インドの音に通じた曹植であったからこそ、声明を作ったとの伝承が生まれたのであろう。そしてこの音を「瑞響」、すなわちめでたい響きと讃美していることは注意される。

西郊の杜の文学談義

南北朝時代には、南斉《なんせい》（四七九～五〇二）が興った。都は、建康（今の南京にあたる）である。建康は、かつての三国時代の呉や、その後の東晋の首都でもあった。『南斉書』巻四十、列伝第二十一「意陵《いりよう》王子良伝」によれば、永明五年（四八七）、二代目の武帝の王子意陵は、都の西にあった山麓の邸宅（西郊）で学士を集めて五経、百家を抄出させた。また、皇帝に進覧するために『四部要略』を作らせたり、名僧たちを招いて仏法を講じ語らせている。さらに「造経唄新声、道俗之盛、江左未有也」と述べられるように、新しく読経や梵唄の声調を造り、道俗に盛んに行なわれた。この南斉の音が、誰でも楽しんで口ずさめるものであったことによろう。

同書には「審音大士」による韻律の研究のことも見え、中国における読誦音の結集と再構成がなされており、同六年（あるいは七年とも）の「文学談義」は名高い。これは、帝の正音を定めたのではなかろうか。日本の天皇が正音を制定し、音博士を置いて管理することも、こうした中国の音の研究や政策から少なからず影響を受けたはずである。「意陵伝」は、王子が帝のために儒教と仏教の調整を行ない、音を定めるという理念を実行したという点でも注目されるのである。

その後、梁《りょう》（五〇二～五五七）が南斉に代わったが、この王朝の祖である武帝は、かつて意陵の西郊に親しく出入りしたという。帝は梁を創始した後、『涅槃経《ねはんぎょう》』を信奉してその『講疏《こうそ》』一〇一巻を著わしたとされる。その治世には、禅宗の祖である達磨《だるま》大師が南インドから渡来したとも伝えられる。また昭明太子（蕭統《しょうとう》。五〇一～五三一）は『文選《もんぜん》』を著わして、周から梁にいたる詩文の秀句を三〇巻にまとめた。この時代の僧俗にわたる学問の興隆は、音を整えることにも大きな影響があった。

『梁高僧伝』の経師たち

梁の時代、恵皎《えこう》（四九七～五五四）が現われ、漢から南斉までの仏教史を著わした。これが四朝高僧伝の最初として後世に大きな影響を与えた『梁高僧伝』である。ここではじめて巻第十三に「経師」という項目が立てられ、一一人の読経の名人が記されている。その伝によれば、三世紀後半から五世紀後半の中国で、それぞれに読経の名人があって、力を競ったようである。

経師の伝の最も古いものは、東晋の帛《はく》法橋である。出身の中山は戦国時代の河北省にあった国である。三世紀後半から四世紀半ばまで活躍した。二番目に見える支曇籥《しどんやく》と七番目に記された曇遷《どんせん》は月支《げっし》国の出身である。月支国は西域にあったトルコ民族の国である。漢の時代に匈奴《きょうど》に追われて中央アジア南部に移動した。支曇籥と法平・僧饒《そうにょう》・曇憑《どんひょう》の四人は、白馬寺に住んだとされている。白馬寺は、後漢の明帝によって洛陽に建立された中国最初の寺で、インドからもたらされた経典がここではじめて漢語に翻訳された。今日でいえば外国語大学であり、翻訳センターの役目を果たしていた。五番目の道慧《どうえ》は尋陽柴桑《じんようさいそう》の人で、安楽寺から竹林寺に移っている。揚子江《ようすこう》の下流、建康の都にも、こうした外国からの音も伝えられていたに違いない。『梁高僧伝』では十一人挙げられている経師のうち、建康の出身は、僧饒・智宗・曇智・慧忍・僧弁の五人であった。

経師から能読へ

この『梁高僧伝』では、概ね「読経」とは詠経＝転読である。『梁高僧伝』は、経師の由来を次のように解説している。まず、訳した漢語の経典は音韻が梵語と異なり、金言は訳にあっても、梵響（インドの言葉の持つ音の響き）

はない。音は情を動かすものである。曹植の魚山伝承から、その学問が起こって三千余りの声と四二の契の則（法則。決まり事）を伝えたのである。

この後、帛法橋や支曇籥が天神の音を授かり、曇遷が新奇特抜の梵声を作った。曇智も独抜新異とされるなど、それぞれに流派を形成した。彼らの評価は、シルクロード伝来の音に加えて、当時の新しく珍しい歌の詠唱の段階から、その洗練を図ったことにあった。宋斉の間に、曇遷や僧弁らは異同を撰集し、古法にならって三百余りの声を正した。

また経師の音楽は生き物をも感動させたという。曇憑は鳥や馬の歩みを止め、僧弁は鶴などの飛ぶのをとどめたという。音は天神から授かるものであることや、その音が生きとし生けるものの心を動かし、鳥獣と通じ合えるといった音の思想は、管絃を含めた音楽と文芸の思想となったのである。日本で能読《のうどく》と呼ばれた読経の名人がこれらに通じるのは、この梁の時代の経師たちの思想を継承したからである。日本の能読が、僧俗を含み広い影響力を持ったことを考えると、まさに梁こそが能読の始原であった。

「経師」は巻第十一の「誦経」と区別され、日本の声明に相当する。また、転読を当時の詠歌としたが高誉（名人）がなかった。したがって伝が不足したという。そして『梁高僧伝』には、論があって讃がない。ここに音芸の仏教史のなかでの位置づけがうかがえる。

読経の音芸史観は、日本の虎関師錬《こかんしれん》の『元亨釈書《げんこうしゃくしょ》』の「音芸志」にも受け継がれている。

呉音と百済音

この中国の南北朝時代に、南朝での読文や読経の隆盛があり、時期的にまさに五三八年の「仏教公伝」と重なる。それは、百済の聖明王が日本に仏教を伝えたとされるが、百済の向こうには中国南部が控えていた。古い時代の漢字音が呉音と呼ばれるように、中国の三国時代の呉の国の音、揚子江下流の音とされているが、南朝こそは揚子江の下流に首都を置いていた。梁の読経の専門僧たち、慧遠《えおん》・法雲《ほううん》・僧印、隋の嘉祥《かしょう》などの『法華経』読誦の名人が輩出し、やがて天台大師智顗《ちぎ》が現われた。天台山は、五七五年にこの智顗が開いた仏教の聖地である。そこには百済をはじめとする朝鮮半島の人々が存在し、通事（通訳）として活躍していた。これが「呉音」を「百済音」とも呼ぶゆえんでもある。百済は黄海を挟んで揚子江の対岸に位置しており、日本と大陸との交流に大きな力を与えた。

一方、対馬は、日本と朝鮮半島、大陸との交流の要地として栄え、この地の名を冠して呉音を対馬音と呼んだ。大江匡房の『対馬貢銀記』（『朝野群載』所収）や『谷響集』によれば、呉国の比丘尼が伝え、経論で用いられたという。

遣隋使と漢音の伝来

六〇七年に小野妹子《おののいもこ》が遣隋使として派遣されて以降、遣唐使に引き継がれて、八九四年に廃止されるまで、日本には北方の長安の都の音が伝えられた。一般に、この長安で行なわれた北の音を「漢音」という。その音が日本に伝わって、桓武天皇が延暦十一年（七九二）十二月および同十二年四月の詔勅《しょうちょく》で漢音を正音と定めた。天皇の度重なる漢音奨励は、中国という強大な統一国家の首都の音にならい、国際化を図ろうとした国家の言語政策であった。しかしそれでもなお、信仰は、梁の時代を一つのエポックとして呉音を記憶し続けたのである。

ところで、一般に「漢音」とは、日本人が中国の音を伝習して呼んだ語と理解されているが、日本に音が伝わる以前の中国で自国の音を「漢音」と呼んでいた。中国側の意識については、福永静哉氏が、善導《ぜんどう》（六一三～六八一）の『観経疏《かんきょうそ》』に、「無量寿《むりょうじゅ》」というのはこの地の漢音である、「南無阿弥陀仏」というのは「西国正音」であると述べていることを指摘している（『浄土真宗伝承唱読音概説』、永田文昌堂、一九九七年五月）。この指摘に見える正音という意識にも注目したい。仏典が生まれたインド、西域の音こそが「正音」だったのである。呉音が失われなかったのは、西国の音こそが正音であるとの意識と、それを伝えた祖師の音への憧憬があったからではあるまいか。

読経の学問

音の区別

読経に限らず語学で大切なのは、音の区別である。儒教では漢音化がすすんだが、『論語《ろんご》』『文選《もんぜん》』『礼記《らいき》』など、書名に呉音が残されている。それぞれを漢音にすればリンギョ、ブンセン、レイキとなるはずであった。漢字をいかに読むべきかは現代でもしばしば迷うことがある。たとえば、「声」は呉音がショウ、漢音がセイである。「明」は、呉音がミョウ、漢音がメイである。つまり、現在、「声明」をショウミョウと呉音で読めば仏教音楽を表わすのである。しかし、セイメイと漢音で読めば意見を発表することの意味になる。この例のように、呉音は概して仏教関係の言葉に多く残されているが、それだけではない。一つの漢字に複数の音があり、それぞれの音によって同じ漢語が別の意味になる例は少なくない。

それでは、手近な漢和辞典から『新漢和辞典』（大修館書店）を参考に、呉音と漢音の代表的な違いをいくつか挙げてみよう。（　）の中は、用例である。
①清濁の違い○呉音―濁音　　○漢音―清音
「殿」　デン（昇殿　ショウデン）　テン（御殿　ゴテン）
②音の違い　○呉音―ナ行音　　○漢音―ザ行音
「人」　ニン（人相　ニンソウ）　ジン（人事　ジンジ）
　　　　○呉音―ナ行音　　○漢音―ダ行音
「内」　ナイ（内侍　ナイシ）　ダイ（内裏　ダイリ）
　　　　○呉音―マ行音　　○漢音―バ行音
「馬」　メ（駿馬　シュンメ）　バ（騎馬　キバ）
このほか、韻の要素など、複雑な両者の区別が存在した。日本の漢字音には後世の唐音（たとえば、「行脚」アンギャ、「看経」カンキンなど）のほかに、対馬《つしま》音など日本の慣用音も入り混じった。呉音・対馬音・漢音は、たとえば、中世の『法華経二十八品読《ほんよみ》クセ』には、「陵　リョウハ呉音　シウハ漢音」と説明した後に次のように述べられている。つまるところ、呉漢の音が此朝（日本）へ渡って来た其後《その》、正しく分明の呉音をば「ツシマ読（対馬読み）」と云う。対馬国に伝ったからである。こうなると、一つ一つの音について厳密に区別することがいかに神経を使わねばならないかがわかろう。経典を正確に読むためには、厳密な漢字の音の区別が求められたのである。

さらに、『声明類聚《しょうみょうるいじゅう》』の「祭文月日博士」によれば、年号は呉音、月日は漢音に読むことが伝え習われており、その読み方の博士譜が収められている。これが記録類の年号・日付の標準的な読み方であったかは明らかでないが、今も広く行なわれている。現代人の思い及ばないところにも、音の区別、読み分けがあったのである。

音と訓

修行として読む場合には、経典の意味内容に通達するまで読むのであり、その意味を理解するための方法が訓経であった。だが、音への信仰から考えると、音読と訓読に功徳の上で違いがあるのではないか、そんな疑問も生まれてくる。『塵添壒嚢鈔《じんてんあいのうしょう》』という中世の一種の百科事典の「音訓《おんくん》二《に》読経勝劣事《しょうれつのこと》」には、次のように述べられている。

古来この点について論議があったこと、先徳《せんとく》（いにしえの優れた師匠）は、「音《おん》ノ経」には多義が含まれる。呉音漢音は聖言なるがゆえに悟りを得ることができる。訓読は多義の

『勝鬘経』（東京国立博物館蔵）
聖徳太子の作とされる三経義疏の一つにも取り上げられているお経。勝鬘夫人が仏の教えを学ぶ物語。写真には聖徳太子に儒教経典を伝えたという百済の五経博士の一人学哥（覚哿）の名がみえる。

なかの一義について「大和語《やまとご》」から出たものである。したがって、その功徳《くどく》は浅い。上宮太子（聖徳太子）が弘めた後は、呉音をもって読経の法とされた。ただし一往の義を悟るために「訓ノ詞」を用いるのである。読誦は音読みをなお勝れるとすべきである。音には大和言葉、すなわち日本語の語義では説明することのできない多様な意義が含まれている。訓は一通りの義を理解するために用いるのである。

ここに、音読優位論が展開されている。またその音声は聖徳太子が定めた呉音を読経法とするとあり、聖徳太子信仰の一面が、音声信仰であったことがわかる。『法華経音義』の世界では、聖徳太子御本が一つの権威となっていた。音は学問であり、信仰であった。読経において、帝の正音である漢音が定着しきれず、呉音が根強く継承された理由は「聖言」の再生にあったのである。

読経のリズム

現代では、一般に法事で拝聴したり、日々のお勤めとして行なう読経（信徒勤行）は、経典を呉音《ごおん》でほぼ同じリズムで読む。これを呉音直読といい、今日、伝わっている経典や経文の読み方はだいたいこの読み方を示したものという。もちろん、呉音といっても漢音が含まれているとされるものもあり、漢音の経典や、宋音や唐音で読まれる経典もある。こうしたそれぞれの時代による音の違いに加え、清濁を区別することも重要なことの一つであった。そのためにそれぞれの経典について音と解釈を記した「音義書」が造られた。その一方で、より正しい仏の音を求めて、サンスクリットやパーリ語の学問が行なわれ、悉曇《しったん》学が行なわれた。

読経といえば、やはり木魚《もくぎょ》や太鼓など打ち物を思い起こすことが多い。実際、これらを用いて強いリズムの読経が行なわれる。これに対して、歌うようにメロディーが印象深い経典読誦もある。外国語の文章をその国の発声やアクセントに倣《なら》いつつ読もうとすると、自然に節が生まれる。覚えるために調子を整え繰り返し読むうちに、美しい響きを持つようになったものといえよう。師が経典を読むのに合わせて、弟子たちが声を合わせるのが元の形だったと思われる。また、大勢の誦習の場合に声をそろえるのに拍子をとる必要があった。そこで、笏《しゃく》や打ち物（打楽器類）で拍子をとったのである。

仏に向かって読経することは、まさに釈迦に説法なのだが、仏の前でその言葉を再生し、人々が教えを学ぶ姿を示すことは、大きな供養である。どれだけの量を再現し、学んだかを見守る仏様はきっと喜んで下さる。そこに法楽という考えも浮かんでくる。私どもは仏様の教えを守り、学び、延べ広め、信仰のためにここに集っておりますどうかお導き下さいという帰依《きえ》の心を示すことが法会《ほうえ》の本質かと思う。そして、広がる音、重なる音、集う音のなかで、読み手も聞き手も、自分たちが過去も現在も未来も仏の導きのなかにあることを確信することができる。それが読経なのではなかろうか。その意味では、読経は仏教に限らずどの宗教にも共通するものである。

内と外―五明の学問

声明は五明の一つとして、『瑜伽論《ゆがろん》』等に説かれる。『仏教語辞典』(中村元、法蔵館)・『仏教学辞典』(法蔵館)を参考に確認したい。

内《ない》の五明は、仏教徒としての学問・技芸である。内の五明に対して、世俗一般にかかわる学芸を外《げ》の五明という。内の五明の第一は、「声明《しょうみょう》」である。声明は、言語・文学・文法の学問である。第二は、「因明《いんみょう》」という。正邪について思考するインド哲学で、今日の倫理学にあたる。第三は、「内明」。仏教の真理について学ぶ。特に自宗の正当性を明らかにする。第四は、「医方明《いほうみょう》」といい、医学・薬学のことである。第五は、「工巧明《くぎょうみょう》」(工業明とも)。技術・機関・陰陽・暦数に関する学問である。

これに対して外の五明は、声明・医方明・工巧明・呪術明・符印明と、内の五明が重んじていた信仰内面を追求する哲学・教学に替わって、呪術や符印という、現世利益を求める一般の人々の最も関心を呼ぶ内容が含まれている。これは他の宗教や信仰、俗信とも近い学芸と推測される。これらの学問は、仏教の教義から外れるものである。それにもかかわらず相互に深く関連して、古代仏教の布教に入り込んでいたのは明らかである。声明は内外ともに第一に挙げられる重要な学芸である。読経が医学と結んで看病禅師が読経を行ない、あるいは呪術や符印と結びつく素地は仏教の学問の領域にあったと考えられる。そして、鎮護国家、無病息災、海路安全などの諸々の人々の祈願に、読経は大きな力を発揮したのである。

読経の広がり

学問からさらに宗教的な境地にいたるための方法として、繰り返し経典を読むことが重んじられるようになった。それが、一日にどれだけ読んだか、一生にどれだけ読んだかで、その人の信仰の深さを計るようにもなっていって、信じられないような数量の読経量が伝えられている。また、仏の世界を荘厳《そうごん》するために、たくさんの経典を大勢で読みあげることや、すでに見てきたように、読経はあらゆる祈願や祈禱、祈療に用いられてきた。仏の音によって願い事を叶《かな》えようとする読経は、いつの時代にも盛んであった。たとえば雨を降らせるとか、怨霊を退けて病気を治すなどである。さらには、経典の部分読みで一部（全部）を読み終えたことにする転読や、経典の一部を特殊な読み方をして秘伝としたり、経典を呪文として読む祈禱読経も広く行なわれた。こうしたなかで、歌う『法華経』や、スター僧も登場し、芸能としての享受やさまざまな文芸、芸能に影響を与える読経も出てきた。しかし、形こそ違え、どの読経も仏への信仰心を示すものであり、根本的には広義の声明—言語の学問と考えるべきものと思う。

仏教音楽としての声明は、僧尼になるための大切な教科であり、今も真剣に修行されている。したがって、古代から現代にいたるまで、優れた研究が続いている。これに対して読経は国語学の研究者が、漢字音の研究を中心に古代や中世の音の研究として取り組んできた。しかし学問以外の民俗や芸能の読経は、なかなか記録されることがない。音声は消えてしまうものであり、いつどこでどのように読むかで、同じ人の読経もまったく異なることがある。法会の読経とは違った庶民の暮らしの中に貴重な証言が残されていることも多い。また俗人にとってよく読経は眠くなるものというが、眠くなるのは見方を変えればよい読経でもある。人の心を安らかにし、ささくれ立った心の内側にひとときの潤いを与え癒しているからである。読経の深い意味はいうまでもないが、心を満たす音の人の心に与えるメディテーションの作用もまた重要なのである。

さまざまな読経

読経の種類

ここにいう読経の種類とは、狭義の読経の具体的な読み方のことである。おそらく宗派として正式に認めていない民俗的なものもあるに違いない。しかし、テキストを「読む」とは何かを追い求めるとき、考える手がかりを与えてくれるものを取り上げることにしたい。記述にあたっては、『日本音楽事典』の声明・仏教儀式の各項目（沢田篤子氏ほか担当）、『密教大辞典』『仏教音楽辞典』を主として参考にした。

読誦法の種類で最も一般的なのは、「直読」である。単調だが力強い。これには、「雨滴《あまだれ》曲」と呼ばれるように、ほぼ同じリズムで最初から最後まで読み通すものと、「曲節《くせぶし》」というように、なんらかの節をつけた読み方がある。その音調によってたとえば、天台の

「眠り節」、三井の「怒り節」などと称するものもある。単調な読み方が初心者向きであるところから「いろは読み」という場合もある。これは、初学者の拾い読みを指し、たどたどしい、稚拙だという意味合いで用いられることが多い（世阿弥『花鏡』・同『音曲声出口伝』）。同義で、能の世界で「経読み」ということもある。

次は、「訓読」である。これは文字どおり、経文を訓読みで読誦する。第三は、「転読」（略読とも）である。『大般若経』六百巻、あるいは一切経読誦といった大部の経典を読む場合、それぞれの巻の経題（経典の題名）と中の経文の数行を読んで、巻末を読み上げて一巻が読み終わったとする。どの部分を読むかは宗派によって異なる。一巻読むごとに、折り本（折り畳んだ形式のお経）をバラバラと大きな音と風を起こしてアーチ状に繰る。浄土宗や禅宗諸宗でも、重要な儀礼の一つであり、真言宗など密教では、読み終えた経本を、大きな音をたてて経机などに叩き付ける作法もある。

「七五三読み」は、転読と同様に略読の一種で、密教や修験道系の読経として行なわれる。経典の最初と真中と後ろの三ヵ所をそれぞれ七行・五行・三行ずつ読む。天神七代・地神五代にちなむなど信仰上の理論づけがなされて、秘伝が強調されるものもある。そうした読経では、しばしば記録と実唱が一致していない。

無音の読経・辟邪の読経

読経は、経文を音声化するだけではない。「無音」と呼ぶ読誦がある。転読のときの風に当たると無病息災と信じられ、頭上でお経を繰ってもらう辟邪《へきじゃ》の読経のことをいう。この場合音声ではなく、儀礼としての所作が重んじられる。また、行法に、経典を読誦しながら道場のなかを巡る「行道」があるが、これにも「無音行道」があり、相承が行なわれていた。無音は、外に向かって音を発するのではなく、内に響かせる読経として観念のうえで音は存在する。具体的な方法は、師から受け継ぐとされている。

さらに特殊な読経に「逆さ経」がある。羽黒修験道で行なわれているという秘伝は「羽黒逆転心経」と呼ばれ、『般若心経』を後ろから読み上げるという（岸田千代子『般若心経百巻』、東京美術、一九七三年）。同じく「バラバラ経」は、南都系の読経である。一種のテストで、修行者がどの程度経典読誦を会得したかを知るために行なうという（同前）。『渓嵐拾葉集《けいらんじゅうようしゅう》』には、「天狗怖し」という秘法が比叡山の常行堂で行なわれていたことが記されている。山本ひろ子氏によれば、それは堂衆が引声『阿弥陀経』を正面で行ない、後戸《うしろど》で跳ね踊りバラバラの読経をする。同様の読経は熊野那智の滝衆が行ない、『法華懺法《ほっけせんぽう》』や「ゲニヤサハナム」という歌謡を行なう。戯言《ざれごと》によって魔を払う意味があった（『異神

——中世日本の秘教的世界』、岩波書店、一九九八年三月)。岸田千代子氏が報告された南都の場合も、本来はこれらと同じ魔除けや厄落としの読経ではなかったかと推測される。その戯言が読経に及んだのが、「替え読み」であろうかと思う。正確にいえば読経ではなく、経文の享受法の一つである。口になじんだ経文に別の語句をあてはめ、読経の読誦法で唱え読むことを指す。逆に、音曲を学ぶために口ずさむ語句を経文にとる場合もあった。

経典の特性

『阿弥陀経』　各宗派、寺院で読まれるお経（経典・経文）、それぞれの家で信徒が読むお経はさまざまであり、開山先師の説かれた言葉も声明として行なわれている。それぞれが尊重されるべきであることはいうまでもない。ここでは文学や日記類によく見る経典とそれにもとづく経文・偈《げ》・真言・念仏を中心として取り上げる。

『阿弥陀経』の場合は、「切音《きりごえ》阿弥陀経」と「引声《いんぜい》阿弥陀経」が知られる。先に述べたように、円仁が中国の五台山から伝えたとされる一字ずつを長く旋律をつけて引き伸ばす。『古今著聞集《ここんちよもんじゆう》』などに、「引声阿弥陀経」の伝来にまつわる伝承が収められている。それによれば、円仁は伝来には笛を用いたがうまくゆかず、思い悩んでいたところ、「ヤ」の音をつけるべしとの明星の啓示を受けたという。中世の楽書『教訓抄』（一二三三年、狛《こまの》近真《ちかざね》）巻第六によれば、隋の煬帝《ようだい》が作ったという『渋河《しむか》鳥』という舞楽曲（『汴河《か》曲』から拾うとも）を用いたと伝えられていた。現代に相承される「引声阿弥陀経」にも、四ヵ所に「ヤ」を加える部分がある。これに対して、「短声阿弥陀経」は、残念ながら現代は断絶したという。

中世の念仏信仰で知られる天王寺には、かつて西門の外に引声堂と短声堂が相対して建てられ、称名勤行《しょうみょうごんぎょう》の道場であった。毎年、春秋の彼岸の中日には融通念仏が行なわれた。平野の大念仏寺の聖人が導師を務めたともいう（『四天王寺名跡集』）。声明曲としての『仏説阿弥陀経』があるが、これも現在は断絶したという。

『理趣経』

真言宗寺院で読まれる『理趣《りしゅ》経』は、最も音楽的な経典といわれる。それは、「中曲理趣経」の旋律のメロディアスな美しい響きによる。「中曲」とは、曲調の基本である律でも呂でもないことによる。この曲は、広沢僧正寛朝の作と伝えられ、真言声明の代表的な大曲である。長音と短音の二種類があり、長音は、高野山の不断経など限られた法会に用いられる。短音は、経典に部分的な博士《はかせ》譜を付けたもので常用される。「切《ぜ》々経《ぜきょう》」は、東密古義流に用いる呼称である。博士譜をつけない、日常の勤行

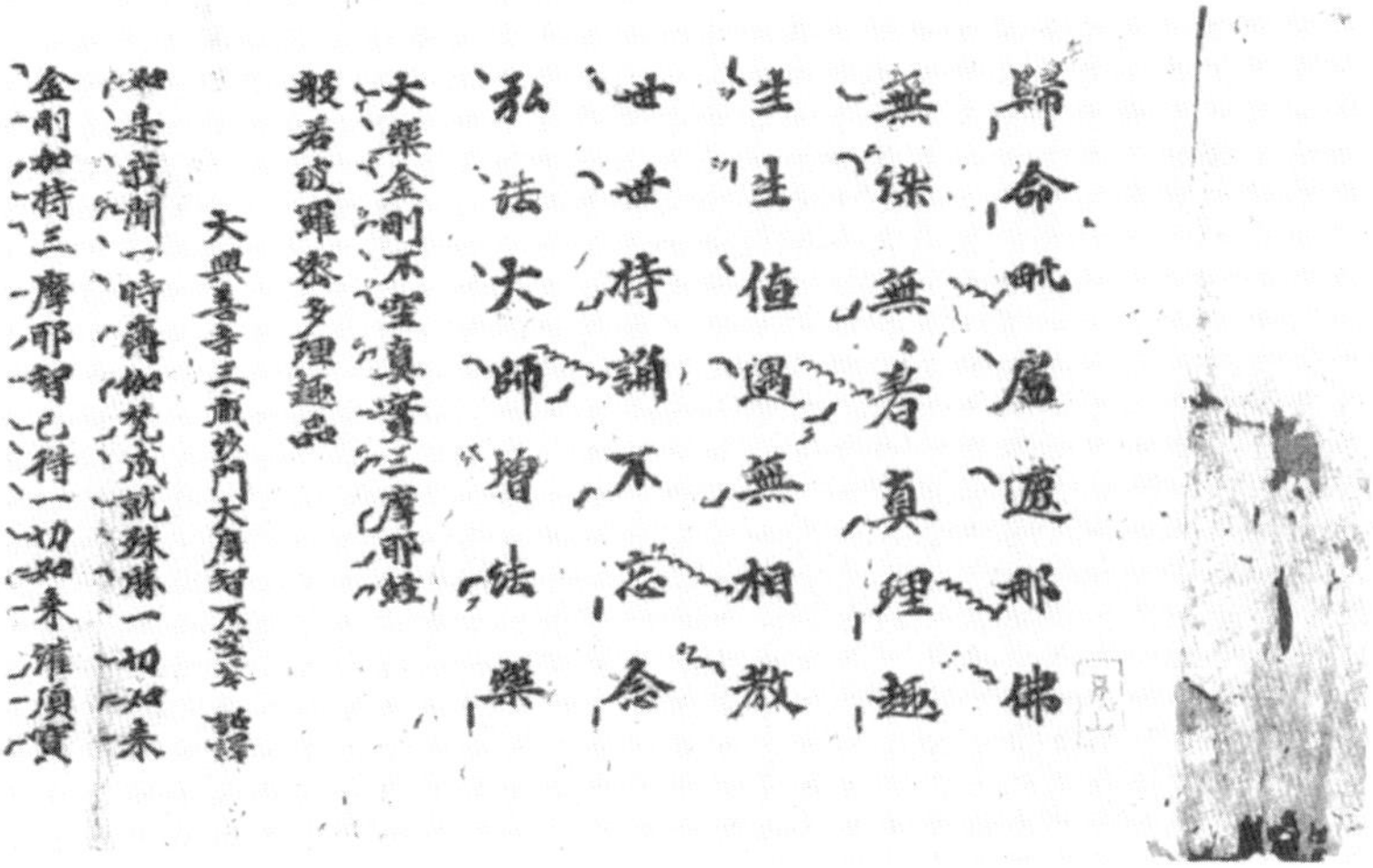

『般若理趣経』文明15年（1483）白子観音寺版（坂口茂氏蔵）
日本第３番目の印刷楽譜。世界的にも貴重な資料である。奥書から文明13年、梵漢博士宥範が書いたことが知れる〔『日本音楽史料集成１古版声明譜』（東京美術。上野学園日本音楽資料室蔵写真複写）所載の福島和夫氏の解説より〕。

や法事に用いる簡単な読誦法をいう。長音が長すぎるので、これをショート・カットしたのがその名の起こりという。

『法華経』

『法華経』には、「読経音曲《どきょうおんぎょく》」（法華音曲）と呼ばれる華厳《けごん》声明の一つがある。「叩《たた》き」と呼ばれる独自の節回しが重んじられ、甲乙《かんおつ》と呼ばれる高低二種類の音程で複数の声を縒《よ》り合わせる。こうして声を重ね合わせることで音を密集させる、一種の多声性（ポリフォニー）の曲と考えられる。現在、東大寺修二月会《しゅにがっえ》に伝承されている。平安時代に盛んになり、僧俗で愛好された。特に俗人では、貴公子たちによる「読経争い」という声競べも盛んであった。院政期には御読経衆（読経の専門僧）や芸能僧、遊女が活躍し、天皇・上皇以下、男女貴賤を問わずに愛好された。その後、南北朝期を機に日本語の音韻の変化や、音楽の「速さ」全般が遅くなるなどの変化があって、読経音曲そのものの「音芸」としての享受は、後嵯峨院政期（一二四二〜一二七二）を頂点にしだいに失われていく。その一方で、特殊な読み方としての呪術性や、法会や諸儀礼に欠かせない「読み」として、固定化した技能は専門僧によって継承された。

『法華経』には、四要品《しようぼん》と呼ばれる四つの巻を中心に、特定の巻を重視して独自に読まれるものがある。「如来寿量品《にょらいじゅりょうぼん》」はその一つである。『妙法蓮華経』如来寿量品第十六を読む。全般に博士譜をもつが、前半は部分的である。真言宗豊山派・智山派で読誦されるが、現行では大きな違いがある。「自我偈《じがげ》」は、如来寿量品の末尾にある「自我得仏来」で始められる偈頌《げじゅ》（韻文）。『法華経』の要点として、法華法という『法華経』にもとづく修法で重んじられてきた。『読経口伝明鏡集』にも特に諸師の説が列挙されている。日蓮宗や法相宗で重んじられている。

「観世音菩薩普門品《かんぜおんぼさつふもんぼん》」は、『観音経』として独立した経典のように扱われる。『法華讃嘆《ほっけさんだん》』は、行基菩薩あるいは光明皇后が作ったと伝えられる日本最古の和文声明の一つ。『法華経』提婆品《だいばぼん》にもとづく。「法華詠」ともいい、「歌う法華経」とも呼ばれた（『後嵯峨院御宸筆《ごしんぴっ》御八講之記』）。『魚山集』によれば、光明皇后御作としたうえで、四条大納言藤原公任《きんとう》の様が伝えられていた。この公任は、あの『和漢朗詠集』の編著者である。

陀羅尼

陀羅尼《だらに》（真言）は、インドから中国にもたらされた経文のなかで、音訳して日本に伝えられた呪文。密教では特に重んじられ、「能陀羅尼《のうだらに》」と呼ばれる専門僧があったが、中世の記録に見る限り読経僧と重なる。

『大悲心陀羅尼《だいひしんだらに》』は、禅宗の声明である。曹洞宗《そうとう》では「真読」と「祝聖《しゅくしん》」の二種類がある。『楞厳呪《ごんしゅ》』も、禅宗の声明である。臨済宗《りんざい》では、細かい装飾音を付けた「真読」と、略した「迅誦」の二種類の読誦法がある。

『宋高僧伝』『真言伝』『今昔物語集』などに、真言付法第六祖の不空三蔵が『仁王経』の陀羅尼を読誦して功徳を得た話が見える。不空も声明の名人であったとされ、陀羅尼読誦はその一つであった。一般の人々が受持した陀羅尼については、『塵添壒嚢鈔《じんてんあいのうしょう》』巻十五「俗人可持読真言事」に見える。同書によれば、真言には秘密真言門と顕露《けんろ》真言門があるという。物事にはことごとく口伝があり、後者が正しく伝えられるならばみだりに非難してはならないと戒めている。要するに、正しい読誦ならば俗人が真言を読むことが認められていたのである。実際、俗人の真言読誦は、九条兼実《かねざね》や中山忠親《ただちか》など、中世の公家の日記に、「真言百遍を満たす」などと表現されてしばしば記録されている。

主な陀羅尼を列挙すると、『千手』『尊勝』『随求《ずいぐ》』『光明真言』『十一面』『大仏頂』『如意輪』などがある。このほか、『般若心経』『孔雀経』や『法華経』などは経典自体が陀羅尼を含み、その部分のみの読誦もよく行なわれた。

念　仏　念仏には行法、法会のなかでの位置づけや（融通《ゆずう》念仏など）、念仏を行なう時間や方法による（不断念仏・六時念仏など）などさまざまな分類がある。唱え方によって分けると、真正に念仏する「真読」と、略して唱える「訛略《かりやく》」がある。

形式による分類のほかに、それぞれの寺院での発展により寺の名を冠して呼ぶことが多い（嵯峨《さが》念仏・壬生《みぶ》念仏・千本《せんぼん》念仏など）。形態による分類として、引声念仏（甲念仏）・歌念仏・踊り念仏がある。音調・節は、それぞれの宗派で読経の相違があり、その特徴から名称が付けられている。主なものとしては、切声・指声《さしごえ》（刺声）・引声・泣節・役者節・都《みやこ》節・坂東節などが知られる。

発声・発音・リズム

声と思想

声については、『声明口伝』に次のような規範がある。第一に挙げられるのは、亡国の声である。これは、哀傷愁嘆の音声をいう。第二は、人法不和合の声である。調子はずれで衆音に和合しないもの。第三は、短命病患の声。細々しく弱々しくて赤子の泣くような音。天魔障碍《てんましょうがい》の声。これは、喧怒叫騒の音声をいう。こうした声は、当然のことながら忌避される。その根底には、人の発する声は、人の精神を反映しているとの思想がある。国を失う、人の和を外れる、健康を損なう、怒り争乱を起こす、いずれも人が抱えた問題が発現したものである。ここから声を聞けば、問題の所在が明らかになるとの思想が生まれた。逆に、声が整えられていれば、幸福がもたらされるとの儒教の礼楽思想とも重なりがあった。

このほか、『声明口伝』には、声明を具体的に演唱するうえでの注意がある。声の三病《さんへい》（三つのさしさわり）として、三つの戒めが挙げられている。一に能音の者、二に拍子の良すぎるもの、三に早合点のもの。これらは己《おのれ》の小技に慢心して、音律の妙所に到達できないことを戒めたものである。声明は、法音の再現を根幹に置く行法であり単なる音芸ではない。信仰の表現であることが重要なのである。

音調と読経

東洋音楽の基本には、呂律《りつ》という音調の区別がある。「呂律《ろれつ》が回らない」という言葉はよく知られている。これは「呂律」が音調の基本であるところから、その区別もつかない状態をいう。『教訓抄』巻第八は、音調について興味深い説を記している。整理してみると次のようになる。

呂というのは、男の音である。律というのは女の音である。鳳凰《ほうおう》という鳥は、鳳《ほう》が雄で、律の音で鳴く。凰《おう》は雌で、呂の音で鳴く。これとは反対の説もあったようで、その質問に答えて、呂は濁音、いわゆる『大般若経』である。律は清音、いわゆる『法華経』である。とすれば、『大般若経』は男の音、『法華経』は女の音ということになるが、その点には答えていない。呂律、清濁、男女の概念の結びつきは、読経を考えるうえでたいへん興味深い。

拍子と読経・念仏

拍子については、楽《がく》拍子・只《ただ》拍子・八多羅《やたら》拍子など、音楽の拍子と仏教音楽は深く関連し、読経においても重じられていたことはいうまでもない。拍子に関連して、笏《しゃく》・太鼓・羯鼓《かっこ》・鐃鈸《にょうばち》など「打ち物」と呼ばれる打楽器が広く行なわれた。打ち物では、浄土宗の「引声阿弥陀経」の後半に、「引声念仏」「六字詰念仏」と続けられ太鼓など打ち物とともに唱えられる。最後は鳴物を雷のように轟かせる。これを「雷おとし」と呼ぶ。打楽器、特に太鼓とともに『般若心経』を唱える例は、修験道や祈禱の読経で広く行なわれている。

時宗の別時念仏は、その唱え方から「阿弥引き陀張り念仏」ともいう。打ち物をともなう場合は単純な拍節だが、この唱え方では、阿弥（アミ）を長く引き伸ばし、陀（ダ）で高くなる。「南無阿弥陀仏」の六文字にも音の変化がある。拍子もまた口伝があり、特に拍子を一曲の中で変えることが行なわれている。だが、大部分の声明曲は、「序曲」と呼ばれ自由なリズムで演唱される。

読まない文字

経典のなかに書かれていても、実唱では読まない文字がある。そこには、いくつかの理由がある。

称名の場合は、有名な東大寺修二月会《しゅにがつえ》のお水取りで「南無観世音菩薩」と表記されている箇所を、「なむかん」と連呼する例がある。薬師寺の花会式《はなえしき》で、「南無薬師如来」を「なむや」と連呼する例もたいへん有名である。これらは、宗教的な精神の高揚から生まれ、読みの様式として伝承されたものである。

経典ではないが、史書の読みにも、読まない部分を持つことがあった。大江匡房《おおえのまさふさ》の『江《ごう》談抄《だんしょう》』第六に、「和帝景帝光武紀等読消処有事《よみけすところのあること》」に次のような記事がある。

> 『後漢書』和帝紀に読み消す処《ところ》が一行有る。『史記』景帝紀の「太上皇后崩」の五字を読み消す。また『後漢書』光武紀の「代祖光武皇帝」の「代」の字は、「世《せい》」の音に読むべし。予が案ずるに、俗人でこの音に読む者はいない。普通のこととはいっても、知らないのかと。(岩波新日本古典文学大系)

この読まない字は主に禁忌《きんき》（タブー）によるものである。「俗人」がこの禁忌を知らないとするのは、仏教の読みとして、独自の外典《げてん》の読み方があった可能性がある。

読みのタブー

仏教でも、祭文の口伝には、年号はいかなる字でも平らかに読むという。これは年号が天皇の名前であるから、高下があっては恐れ多いからだとする。時節によるタブーには、正月の祝言の時、忌み詞《ことば》があった。明王院秀憲の伝えるところでは、『大般若経』の「地獄品《じごくぼん》」を「チギョク品」、「卒塔婆品《そとば》」を「ソロバン品」という。直陀羅尼を「ジンタマニ」または「如意摩尼《にょいまに》」というなどの例があった。これは、めでたい正月に死や不吉な響きを持つ場合、それが経典の章名であっても読み変えるのである。こうしたタブーがいつごろ生まれたのかは明らかでないが、それぞれの時代、流派、師匠によって表記とは別の読みが存在したのである。

秘伝と面授口訣

以上、さまざまな読経や陀羅尼、念仏を概観してきたが、こうした読みのあり方は、テキストの読みを考えるうえでさまざまな視点を与えてくれる。たとえば、テキスト本文の絶対性は考え方の柔軟さが求められる。直読の場合、テキスト内部の音は、すべて同じトーンで終わる。内容の理解は、あらかじめ学習した者にしか期待できない。しかし訓経では、より人々に馴染み深く、ある意味では民謡などのように心に作用する。こうした読経の違いが、音訓ともにできることを得度を求める僧の資格基準とする理由なのである。そこから、読経の力量を問う特殊な読み方が生まれる。さらに、専門僧たちの技巧的な読みがもてはやされ、その技巧の中心は速さと節回しであった。それは、転読など数量を求める古代の信仰の結果であった。転読は、テキストの部分読みをもって全体を読んだものと了解する。一部（全体）通読に相対する読みが存在したことは、儒教経典でも見てきた。読みが芸能として享受されるなかで、部分読みについて考えてゆく必要がある。さらに音声としての読みが、複数の音によって構成されている点も、逆にテキストが複数の音を含んでいることを前提としての象徴的な再生ではあるまいか。

声明には「博士《はかせ》」と呼ばれる譜が存在するが、西欧の中世のネウマ譜と同様、視覚的に音を示したものである。これらの譜は、絶対的なものではない。伝統音楽で大切なのは師伝である。音は師が授けるものである。これを口授《くじゅ》あるいは面授口訣《めんじゅくけつ》という。師は弟子の音楽家としての資質を総合的に判断したうえで、一人一人に基本の音を与える。それは弟子によって異なる場合もある。譜面に「ロイ」とあるのは口伝の略である。これらの口伝のなかには表記とまったく逆の場合もあると聞く。天台声明では唄《ばい》に「虚楷《きょかい》」と呼ばれ、音声化しない読誦がある。読経でも、経題のみとしたり素早い転読を行ないあえて聞き取れないようにする。書かれた記録からは決してうかがい得ない、生きた法会の場に臨むことが許された時に伝わる読みがある。また、何も書いていない場合であっても、そこに何もないのではない。音は人によって人へ伝えられるのであって、かつて『理趣経釈』の貸与をめぐって、空海が最澄を拒絶したのは、義の伝授に加えまさにこのような問題を含んでいたからである。テキストに書いてあるからそのとおりに読むのではない。それが古代から中世への読みであった。

読経の力

鎮護国家の祈り

鎮護国家と護国経典

古代より読経が祈願に応える呪術として行なわれていた。その主な祈願をあらためてまとめると次のように分類される。第一に旅の安全、そして鎮《ちん》護国家《ごこっか》、五穀豊穣《ごこくほうじよう》、請雨《しようう》・止雨、病気平癒《へいゆ》―祈療《きりよう》、怨霊退散、鎮魂供養、その他と分けられよう。

まず、旅の安全は、歴代の遣唐使や留学生《るがくしよう》、商人など、波濤《はとう》を越えて大陸に渡る人々にとって切実な願いであった。最澄、空海、円仁ら記録に残る名僧たちも、出発前や航海中、あるいは帰国後にも九州の神々や住吉明神に、行旅の祈願や感謝の読経をしている。

次の鎮護国家は、天変地異の難を免れ自然の恵みを順当に受け、国家が繁栄するようにという願いである。五穀豊穣や請雨・止雨はこの願いを特立したものである。また病気平癒は、天皇の周囲に看病禅師が置かれたことでも明らかである。病は怨霊のもたらすものであり、怨霊退散とは表裏一体であった。そして怨霊の発生そのものを封じ込める鎮魂供養も、読経の力が大きいのである。

護国経典の信仰で知られるのは、唐の則天武后《そくてんぶこう》が大雲寺を諸国に建立した例である。大雲寺では『大雲経』を読誦しており、龍王をコントロールして雨を自在に操り、豊かな自然の恵みを得ようとしたものと推測されている。一方、日本で護国経典として早く信仰されたのは、『金光明最勝王経』と『法華経』の両経である。その後、空海が護国経典として『仁王経』と『孔雀経』をもたらした。これらの護国経典の読誦が与えた影響を、人々の信仰に見てみよう。

『金光明最勝王経』と四天王信仰

『金光明最勝王経』は唐の義浄による新訳の名である。北涼の曇無《どんむ》讖《しん》の旧約は、『金光明経』という。「四天王護国品」「王法正論品」「善生王品」に加え、「滅業障品」や「捨身品」がよく知られている。「四天王護国品」は四天王、すなわち多聞天（毘沙門天《びしゃもんてん》）・持国天・増長天・広目天や諸天善神が来たりて正法を守ることを述べる。四天王は東西南北を司る護国の基本神である。

東大寺の大仏の四方を守護している神々がこの四天王である。聖徳太子も四天王を深く信仰して法隆寺や四天王護国寺を建立している。

次の「王法正論品」は、神護景雲《じんごけいうん》三年（七六九）十月、称徳天皇（孝謙天皇が重祚）の詔《みことのり》にも引用されている。そこには、「朕《ちん》が尊び拝み読誦し奉る『最勝王経』の「王法正論品」に命《の》りたまわく」と始められている。孝謙天皇自身がこの経典を読誦したことが明らかであるが、その根拠は「滅業障品」である。そこには、もし国土にあってこの妙経王を講宣読誦をすれば、我ら四王常に来たって擁護し、行住を共にしよう。其《そ》の王もし一切の災い障《さわ》りおよび諸々の怨敵《おんてき》あれば、我ら四王が消し去ろう、と述べられている。そしてさらに、憂いや疫病を取り除くことが説かれているからである。

旧約の「諸天薬叉護持品」は諸天・夜叉・鬼神の名を列挙し守護を説いている。そして鎮護国家を祈願するための具体的な方法が講宣読誦、すなわち、この『金光明最勝王経』『金光明経』を講義・説教し、読み唱えることであった。ここから能説《のうせつ》（説経の名人）と能《のう》読《どく》（読経の名人）とが手を携えて活動することの必然があったのである。金光明四天王護国寺が諸国に整備されたが、これが国分寺であり、島に置かれたものは島分寺と呼ばれた。これらの寺院では、経典を奉じて講説と読誦が行なわれ、国土の危難のあるごとに法音が国土を覆った。それを統合する東大寺の西門には「金光明四天王護国之寺」の勅額《ちょくがく》（重要文化財）が掲げられた。同寺に伝えられる「正倉院文書」には、諸国の読経供養料の資料も収められ、それらからも奈良時代のこの経典の読誦の盛んな様がうかがわれる。また、南都七大寺の一つ薬師寺から最勝会が始まり、一条朝には清涼殿で最勝会が行なわれている。

「堅牢地神品」と盲僧

『金光明最勝王経』の読経は、国家の中枢の法会だけではない。民間の宗教者による国土への祈りがあった。『金光明最勝王経』巻第八、「堅牢地神《けんろうじしん》品《ぼん》」第十八は、『地神経』と呼ばれ、琵琶の伴奏をともなって盲人の僧たち（盲僧）によって唱えられた。ただし、同じく現在も九州の盲僧が用いる『仏説地神経』は偽経と見られ、このほかにも『地神経』と称する別の経典や経文がある。

さて、経典の説くところによれば、堅牢地神は、十二天の一つである地天と同一に見なされ、国土を守護し、仏教の信者を守る諸神の一つである。説経師のために高座を敷き置き、その足下にあって講説（説法）を聴聞すれば、法悦を得てこの経の流布するすべての地の増益を計るという。説経者（唱導僧）の信仰を集めたことは間違いない。堅牢地神は、『金光明最勝王経』のほんの一喩（たとえ）一品、一昔因縁、一如来名、一菩薩名でも説かれるのであれば、その土地を滋味豊かにすると誓っている。

盲僧は、自身でも語りを行なう。『平家物語』に代表されるように、琵琶法師の歴史語り・軍《いくさ》語りはよく知られている。その一方で琵琶法師が和歌を歌謡にして歌い広めたことや、それが当時の歌人にとって名誉であったことが中世の説話に見えている。琵琶法師は、院政期以降、盲人音楽家の意味の「瞽者《こしゃ》」と呼ばれ尊重されているが、これは、『詩経』や『論語』など儒教が盲人尊重の思想を説いているからである。儒教では、盲人が歌う歌、語る物語、再現する歴史に帝王が耳を傾け教訓を学ぶとき、王権は守られるとする。院政期以降の日本では、僧形の盲目の音楽家が民の声を歌とし、『平家物語』のような歴史を語り、『地神経』を読む。盲僧も経読みであり、王法は仏法の守護と儒教の理念の二重の力で守られるのである。

各地を回り、地鎮祭に参仕し、カマドにお払いをする姿はもうごくわずかな地域でしか見ることができない。かつて盲僧は、その障害のゆえに差別される存在であったが、同時に堅牢地神を信仰して法音の展開を守護する存在であった。また、土の霊を司り、田畑の実りを祈る大切な役目を担っていた。現代にいたるまで盲僧は、庶民にとってなくてはならない存在なのである。

『仁王経』と御霊会

『仁王経《にんのう》』は、正式には『仁王般若波羅蜜経《にんのうはんにゃはらみっきょう》』と呼ばれる。「護国品」「受持品」に一切の災厄を逃れるためには、この経典を受持読誦すべきことと、その功徳が説かれている。斉明天皇六年（六六〇）に仁王般若会が行なわれ、天武天皇は諸国でこの経を説かせた。その後、天皇の即位に際してこの経の講説を行なう仁王会が創始され、清和天皇の時、一代一度の大会として定められた。天台宗では鳩摩羅什《くまらじゅう》訳の『仁王般若波羅蜜経』を用いるが、真言宗では不空《ふくう》訳の『仁王般若波羅蜜多経《にんのうはんにゃはらみった》』を用いる。ともに護国三経典に数えているように密教の大切な経典である。

護国経典の役割とは何か。天災についで恐れられていたのが疫病であり、怨霊である。その不安が御霊会《ごりょうえ》を生みだし、古代の怨霊の鎮魂が行なわれた。怨霊が疫病の原因だと信じられていたからである。正暦四年（九九三）の疫病の流行は、『日本紀略』の記録に詳しい。六月二十七日に行なわれた御霊会では、二基の神輿《みこし》を新たに作り船岡山の上に祀《まつ》った。この前で『仁王経』の講説が行なわれ、楽人が音楽を奏でて疫神《えきじん》（疫病神《やくびょうがみ》）の魂を鎮めたのである。人々は神輿の前に幣帛《へいはく》（幣《ぬさ》）を手向けに続々と集まり、その数は数千万という。そしてこの神輿は海に流され穢《けが》れは払われたのであった。そして記録は、この儀式が朝廷によって行なわれたのではなく、巷説《こうせつ》（民間の説）より起こったと述べている。

荒ぶる神を鎮め、民心を安んずるのも護国経典の力であった。長保三年（一〇〇一）、船岡山の麓である紫野に社殿が設けられ、御霊会が行なわれた。これが後の今宮神社の起りである。ここに一つの祭りが起こった。これが「やすらい祭り」である。

狂乱のやすらい祭り

異本『梁塵秘抄口伝集《りょうじんひしょうくでんしゅう》』巻第十四に、院政期のやすらい花の祭りの様子が見える。久寿元年（一一五四）三月、京都の近郊の男女が紫野社に集まって風流の遊びをした。歌・笛・太鼓・羯鼓《かっこ》を打ち鳴らし、「神あそび」と称したという。今様《いまよう》でもなく、乱舞でもなく、早歌の拍子にも似ていないが歌い囃《はや》す。傘の上には風流の花を挿し、童子に半尻を着せて胸には羯鼓を付ける。数十人ばかりが拍子に合わせて乱舞の真似をする。「悪気」という鬼の形をした者に、赤いあかたれを付けて、貴徳という舞楽の面を付けさせて十二月に行なう鬼争いのようにおめき叫んで狂う。そして神社の境内をかけずり回ることが数度に及ぶ。京中の貴賤の人々が、市女笠や衣に包まれて集り、上流貴族もこっそり参詣・見物に訪れた。夜になると松明《たいまつ》があかあかと焚《た》かれ、みなみな遊び狂うのであった。

はなやさきたる　　やすらいハナヤ
はなやさきたるや　やすらいハナヤ

はなやさきたるや　やすらいハナヤ

「はなやさきたる」に答える人々の「やすらいハナヤ」という掛け合いで始まるこの歌と祭りは、やがて時の崇徳《すとく》天皇の命令によって禁止される。その理由は明らかでなく、異本『梁塵秘抄口伝集』の編著者は、高尾の神護寺《じんごじ》の法会との関係だろうかと推測している。当時、神護寺では毎年三月に法華会《ほっけえ》が行なわれていた。『三宝絵詞』によれば、最澄によって始められたという。その後、空海が神護寺に止住し、以降は真言宗の門流に受け継がれていた。この法会では、『法華経』の講説《こうせつ》と、『法華讃嘆《ほっけさんだん》』という次の句が歌われていた。

我が得《え》しことは薪《たきぎ》こり菜摘み水汲み仕《つか》へてそ得し

この歌の音は、清滝川の波の声に合わせ響いたという。『法華経』「提婆品」による和文の句で、『三宝絵詞』によれば、行基が作ったとも光明皇后（聖武天皇の皇后）が作ったともいう。曲としては律の平調《ひょうじょう》で「読む」。多くの人々に愛唱され、よく知られた声明の一つであった。五巻日と呼ばれる講説の中心の日には、この曲にならって実際に薪を担うことも行なわれたというが、院政期の神護寺では男女が参詣して花に捧げ物を付けて奉る習わしあった。これが、花の季節に入り込む疫病を払う意味と結びつけられていた。

これに対して、民衆から沸き起こる歌謡「やすらい花」の狂乱、春の宵の喧噪は、男女・貴賤・僧俗の壁を取払い日常を逸脱して、あたかもカーニバルの様相を呈していたことと思われる。国家は、このエネルギーの集結を許さなかったのである。それは、天皇が統御する音の権威を揺るがす不安を与えたからではなかろうか。この二年後、父の鳥羽上皇の崩御を引き金にして保元の乱が勃発し、崇徳天皇は母を同じくする後白河に敗れて讃岐に流される。王朝時代の黄昏《たそがれ》、戦乱の世の始まりであった。

しかし、今もなお今宮神社に「やすらい祭」は伝わる。それは、こうした怨霊鎮めの信仰と芸能が結びつき、庶民の生み出した力に支えられてきたからである。

雨請いの祈り

鎮護国家のために重要なことは、五穀豊穣であった。人々は健康で豊かな暮らしを求めて、天候が順調であることを願って祈り続けた。信仰発生の根源は神に祈り願うものである。その意味で人間は常に祈る存在であった。施政者には、人々の願う声を神仏に届ける力が求められた。そして古代、天皇こそがその力を持っていたのである。

天皇の霊力

日本の祈雨《きう》と止雨《しう》の始まりは、『濫觴抄《らんしょうしょう》』によれば、推古天皇三十三年（六二五）に高《こう》麗《らい》僧の恵灌《えかん》が三論を講読し雨を祈ったことからとされる。しかし、古来より日本での祈雨は、神祇《じんぎ》に祈るものであった。仏教が伝来し、その呪的力が浸透するには、しばらく時間が必要であった。

皇極天皇元年（六四二）七月二十二日に、大臣蘇我蝦夷《おおおみそがのえみし》が祈雨法会を行なった。このときの法会では、四天王像を祀り、『大雲経』等を衆僧が読み上げた。蘇我蝦夷は、みずから香炉をとって焼香を行なう気合いの入れ方であったと伝える。二十九日に小雨を得たが、結局雨乞いに失敗して読経は中止された。

ところが、八月一日になって、皇極天皇みずから南淵の河上（今の奈良県高市郡明日香村）に御幸して四方拝《しほうはい》を行なったところ、雷鳴とともに五日間にわたる大雨を得た。日本最初の祈雨法は、大臣の祈願に対して、太陽神である天照大御神《あまてらすおおみかみ》の子孫である天皇の霊力の勝利で終わったのである。

祈雨法会と御読経

天武天皇四年（六七五）夏、大旱魃《かんばつ》（日照り）のために神祇への奉幣と三宝への僧尼の祈禱《きとう》が行なわれた。さらに同十一年七月、八月と百済《くだら》僧の道蔵による雨乞《あまご》いが行なわれた。その験力は大きく期待され、持統天皇二年（六八八）にも祈禱をして雨を得ている。この時代、天皇の命令による祈雨法会は、繰り返し行なわれ、すでに神仏双方に祈ることが定着してくる。

野口武司氏が『続日本紀《しょくにほんぎ》』以降の五国史の記録から修法を精査している（「六国史所見

の『祈雨・祈止雨』記事」『国学院雑誌』一九八六年十一月）が、その指摘によれば、『日本書紀』には水源地を中心とする神道系の儀礼がほとんどである。また以降では『日本三代実録』のように、その編纂の姿勢から天変地異を極力記さないといったものもあるが、やがて仏教系の儀礼が多く見られ神道系の儀礼に近づく傾向が認められる。丹生《にう》・河上・貴布禰《きぶね》・松尾・賀茂・住吉・垂水・乙訓《おとくに》・伊勢などの古社が神道系の祈雨儀礼の場であった。仏教系の場合は、密教の隆盛になると、読経法会より修法を重んじるようになったという点では、修法に記録の視点が集まり、それと連動した転読を特に述べなくなったと推測すべきかと思う。

請雨、祈雨に用いられた経典には『大般若経』『金剛般若経』『仁王経』『孔雀経』があった。なかでも初期には圧倒的に『大般若経』が読まれている。また、祈雨の読経は場の名を冠して、神泉苑《しんせんえん》御読経、清滝《きよたき》御読経、室生《むろう》御読経などと呼ばれた。これらはいずれも龍神や龍宮、龍女信仰と繋がった神聖な場であった。

『請雨経』と龍王

密教の伝来によって盛んになった修法の拠り所とする経典には、北涼の曇無讖《どんむしん》訳の『大方等無想大雲経』があった。略して『大雲経』という。唐の太宗も、祈雨のために『仁王経』と『大雲経』の読誦を行なわせており、鎮護国家の重要な経典として扱われていた。この経典には、浄光天女即位の一節があり、これを新訳と称して則天武后《そくてんぶこう》が政治的に利用したことはよく知られている。

日本では、不空訳『大雲輪請雨経《だいうんりんじょううきょう》』が広く用いられた。この経は漢音で読まれ（『行林』第二十）、次のような構成を持っている。

かつて一時、仏が龍宮にいた。龍宮は鱗《うろくず》（鱗《うろこ》を持つ畜生）の世界でもある。仏の教えを受けようと龍王たちが集まった。その龍王たちが次々と来て仏を供養し、恭《うやうや》しく礼をつくして正法を受けようとすると、仏は龍王たちに、天にあって大慈大悲を尽くすならば、一切の苦悩が除かれ安楽を得られることを教え諭す。そして「一切楽陀羅尼句《いっさいらくだらにく》」を読誦・継念・受持すべきことを説く。この教えに歓喜した龍王たちは、仏と一切の如来に帰依し、未来末世のいたるまで、もしこの陀羅尼を読誦するなら雨を降らせて、飢饉《ききん》・疾疫・闘諍《とうじょう》などの苦難や、人民恐怖、妖星変化《へんげ》、災害を除き消滅させることを誓う。

つまり『大雲輪請雨経』（『請雨経』）もまた、単に雨乞いのための経典ではなく、一切の災厄を取り除く護国の経典なのである。さらに陀羅尼に加え、この経典は龍王の紹介に、冒頭に一九五の龍王の名を挙げている。そして、ありとあらゆる世界中の海と雲海の名が連ねられ、その数はざっと龍王の名の二倍に及ぶのである。繰り返され畳み掛けられる名の数量こそ、響きとリズムを生み出す祈願の経典の中心部分であった。

隋《ずい》の天竺三蔵《てんじくさんぞう》訳の『大方等大雲請雨品六十四』では、この経に説くように雨を降らせれば、一切の龍王とその眷属《けんぞく》、龍女、龍宮に生まれたすべてのものが苦を除き楽を得られるとする。つまり、この雨乞いの経典を読むということは、称名し、陀羅尼（真言）を唱えることである。その結果、雨を降らせる龍は慈悲の行ないをすることとなり、幸せを得ることができるのである。慈善は他者に施しを与えることではない。慈善をさせてもらえるということこそが、己自身の真実の救済であり至高の喜びなのだ。情けは人のためならず、『請雨経』は龍王・龍女・龍畜救済の経典でもあった。祈雨・請雨法の経典として仁海の開いた小野随心院《ずいしんいん》に継承され、小野流の修法として知られる。龍のほかには、『金翅鳥王《きんしちようおう》経』『孔雀経』など鳥の神秘による修法も行なわれたが、特に『孔雀経』は、広沢流に継承された。

請雨法の名人たち

岩倉大雲寺の成尋《じようじん》（九八八～一〇八一）が入宋したときの記録『参天台五台山記』に、真言宗の請雨法について述べた記事がある。それによれば、延久五年（一〇七三）三月四日、宋の朝廷で神宗皇帝の要請に応えて請雨法を修したことが述べられている。正月・二月と雨が降らず、三月一日、日本の験者に勅命が下り、成尋は請雨を祈願して法華法を行なうこととなった。修法は記録によれば七日間昼夜行なう予定で、六時礼仏行道・歌讃法事・経文転誦が行なわれた。はたして雨は三日目に降り、宋の人々はその験力に驚嘆したという。その後も帝の勅命により、止風・止雨など自在に天候を操り、成尋は大いに阿闍梨としての面目を施したのであった。行事官が成尋に日本の験者について訪ねると、成尋は自分のような験者は多いとして、次のような系譜を述べている。

　唐朝　青龍寺恵果—弘法大師……仁海—成尊

特に天長八年（八三一）、弘法大師空海が修した神泉苑御読経のすばらしさは名高い。

　次に見える仁海（九五一〜一〇四五。小野僧正）は、第二十三代の東寺長者で、醍醐寺を開いた理源大師聖宝《しょうぼう》（八三二〜九〇九）から『御読経祈雨作法《ごどきょうきうさほう》』を授かったというが、年代的には合わず、その験力を裏付けるための伝承の一つである。この修法は『孔雀経』の転読を中心とする。仁海の『孔雀経転読作法』によれば、まず孔雀明王の真言を唱え、上巻の内題以下、四、五行を読むものであった。『東寺長者幷高野検校等次第』『元亨釈書《げんこうしゃくしょ》』ほかによれば、仁海は九度の召しに応えて九度とも雨を降らせ、「雨僧正」の異名をとったという。

説話の仁海

仁海が祈雨以外にも優れた験者であったことは、もちろんのことである。『栄花物語』巻第二十九「たまのかざり」の皇太后妍子《こうたいごうけんし》の病気平癒祈願にも、「雨の僧都」の称で見えている。このときには、心誉・明尊とその弟子の蓮昭・寂昭・教円ら当代に名のある験者が護持僧として秘術を尽くした。例時御読経には上手を集め、『寿命経』『観音経』『薬師経』が数を尽くして読まれた。

さらに仁海の傑出した験力から祈雨法の最中に、壇の下に赤い蛇が現われたとの伝説がある。祖師の空海と結びつける説も生まれた。中世の説話集『古事談《こじだん》』には、仁海が空海の容貌にそっくりであったとの話を載せている。仁海は、空海の再来と考えられていたのである。

ところが、中世の『古事談』や『渓嵐拾葉集《けいらんじゅうようしゅう》』などに見える仁海には、生臭い伝承がつきまとう。肉食や女犯がそれで、なかでも弟子の成尊《せいそん》（一〇一一～一〇七四）は、仁海の実子といわれていた。この成尊もまた請雨法をよくしたが、そこに中世の秘法の実子相伝の実情が投影されて生まれた説であったかもしれない。

園城寺流の成尋

このように真言宗の祈雨法について語った成尋であったが、宋の行事官は、成尋自身の修法が請雨法ではなく法華法である理由を尋ねた。

成尋は自分が真言宗の門徒でないこと、真言宗の請雨法は相伝した三人の僧が秘しており、他宗の者が学び得るものではないことを説明したうえで、自分の法流を次のように述べている。

青龍寺法全―智証大師円珍……成尋

智証大師円珍（八一四～八九一）は、園城寺（三井寺）の開祖である。この流れに水天祈雨法が伝えられ、秘伝としては、さらに倶哩伽龍《くりかりゆう》祈雨法があるという。倶哩伽龍王は八大龍王の一である。これに法華法を加えるのは、梁の法雲の先例による。法雲は『法華経』を講じて、その巻三、「薬草喩品《やくそうゆぼん》」第五の「其《その》雨、普《あまね》く等しく四方倶《とも》に下る」にいたったとき、大いに雨が降ったと伝えられていたことによる。法華座には若干の龍王の眷属があり、曼陀羅《まんだら》には諸龍王が降臨し、仏の命令を受けた八大龍王は、祈りに応えて雨を降らせるという。寺門派＝園城寺流修験道の阿闍梨成尋も、倶哩伽龍祈雨法と法華法を組み合わせた修法で、面目をほどこしたのであった。そしてその修法に当たっては、六時礼仏行道・歌讃法事・経文転誦が行なわれ、行道（経文を読誦しながら堂内を巡る修法）や声明、『法華経』転読といった、音楽的にも華麗な法要であったことが推測されるのである。そして、この成尋の法華法のことも、『読経口伝明鏡集』に見える。『法華経』の読誦は修法と密接にかかわっているのである。

『法華経』講説と祈雨法

『法華経』講説には、祈雨法の起源が認められる。そもそも『梁高僧伝』や『宋高僧伝』には法雲の講説のことは見えるが、降雨は比喩的表現として見えるにすぎない。しかし後世の『神僧伝』では、武帝の要請によって『勝鬘経《しょうまんきょう》』を講説して夜の雨が降ったと述べられている。

さらに院政期の日本では、『法華経』による祈雨法となって流布していたのである。つまり、説教（唱導）もまた験力と結びつくと考えられていた。そして、その修法は弟子の器量によって相伝され、ときに宗派の別を超えた。園城寺には『仁王経』の読誦法も伝えられており、そこにはさらに『法華経』や神道の口伝として神祇秘曲が加わっていた。これらの相承系譜も存在し、護国経典はさらなる展開をしていたのである。

能説の澄憲と祈雨

こうした説教の験力を伝えられる唱導僧に能説の澄憲がいる。『源平盛衰記』『古事談』『古今著聞集』『百練抄』などが伝えるところによれば、承安四年（一一七四）五月二十八日に内裏の清涼殿で行なわれた『最勝王経』を講説する法会で、澄憲が御願趣旨を述べ、啓白の次に龍神に祈って雨が降ったという。特に『源平盛衰記』は、その啓白、すなわち唱導の全文を掲げて、澄憲の説法の功徳を強調している。護国経典である『金光明最勝王経』の読経と講説、法会の緊張感と験力の発現、降り頻《しき》る雨の音が響く。人々の安堵と歓喜と賛嘆の声が交錯する。

唱導が音芸として『元亨釈書』に記されるように、説教の言葉が音楽的要素を持つことは早くから指摘されていた。唱導もまた験力を持つ声技と受けとめられていたのである。近年、村上美登志氏により、天台声明の中心地である大原と安居院《あぐい》流唱導との関係が明らかになり、その力と意味が改めて注目されるのである（『中世文学の諸相とその時代』、和泉書院、一九九六年十二月）。

あまくだりの澄憲

ただし、この物語にも、仁海と同様に破戒の話が加えられている。澄憲が、父の入道が尼と通じて生まれた子であることが揶揄されたのである。澄憲は、後白河院の御所である法住寺殿に召されて御講の導師を務めた。院はその説法に感動しつつも、澄憲が尼の生んだ子であることを近臣の高階泰経に尋ねる。泰経は、父の藤原通憲（出家して信西入道）も尼も賢い者であったから、澄憲も説法も素晴らしいのだと答える。

そこで院は、殿上人に耳打ちして、高座を降りてくる澄憲に拍子を揃えて歌わせた。「あまくだり、あまくだり」と。これは澄憲が破戒によって生まれたことをいったものである。澄憲は慌てず二、三手舞ってみせる。「三百人、三百人」「みな母から生まれるのになんで自分ばかりが言われるのか」と下がった。澄憲が猿楽ごとをしてのけたので、人々はみな笑ったという。だが、この澄憲も、坊門院と通じて八条院高倉という女房を設けたといわれる。物語に誇張はあっても、澄憲のように、験力と芸能の世界、法会と諧謔の場で光彩を放つ能説の姿は、事実であったろう。

雨は降るばかりが求められたわけではない。行事の時に晴れて欲しいのは今も昔も変わらない。それがさらに水害に及ぶとなれば、止雨の願いも深刻である。ここでは、鎌倉幕府三代将軍源実朝の祈りに耳を傾けてみよう。

将軍源実朝の止雨の歌

実朝は万葉調の歌人として知られる。その実朝の歌集に『金槐和歌集』がある。実朝の歌は、しばしば無常観に満ちているが、最後に次のような歌で詠み納められている。

時により過ぐれば民の嘆きなり八大龍王雨やめたまへ

詞書《ことばがき》によれば、建暦元年（一二一一）七月、洪水のために民はおおいに苦しんでいた。その苦しみを思いつつ、将軍実朝は一人本尊に法を祈念して歌を詠んだのである。雨は作物の成長を促し人が生きるうえで欠かせない恵みであるが、その一方、豪雨は洪水をもたらす。旱魃や大雨は飢饉につながり、時として国家の存亡にかかわる重大事であった。人が神を求めるのは、まさにこうした自然の猛威と向き合うときにほかならない。古代より国家を鎮める祈りは天皇のものであった。今、実朝は鎌倉将軍として民の嘆きに耳を傾け、止雨の祈りを和歌に託した。実朝は、自らの祈りの音に、天を動かす力を望んだに違いない。はたしてその歌は、龍王を動かしたであろうか。施政者として求められるのは、信仰上のカリスマ性なのであった。

音と権力

『法華経』の力

『法華経』は、護国経典として国家仏教に取り入れられたときから日本の社会や文化にも大きな影響を与えてきた。

『法華経』の「法師功徳品」に説かれるように、受持《じゅじ》・読誦《どくじゅ》・解説《げせつ》・書写は重要な行法であった。このなかで、解説は、『法華経』を分かりやすく説くことで、講説《こうせつ》ともいう。『法華経』講説の代表的な例として、伝教大師最澄の話が『叡山大師伝』『本朝高僧伝』などの伝記類や『今昔物語集』、『古今著聞集《ここんちょもんじゅう》』など院政期の説話集によって広く知られていた。

弘仁五年（八一四）春、最澄は宇佐八幡宮《うさはちまんぐう》で渡海の祈願のために五尺の千手観音を造り、

『大般若経』二部一千二百巻、『法華経』一千部八千巻を書写した。そして自ら『法華経』を講説したのに応えて八幡大菩薩の託宣《たくせん》（お告げ）を得たのである。それによれば、法音を聞かずして年を経たが、幸いに和尚《かしよう》（最澄）に遭遇して正教を聞いた。その数々の功徳を喜んで、我が所持の法衣を賜うと。その法衣は比叡山根本中堂《こんぽんちゆうどう》に収められて、後に鳥羽院も、その子の後白河院も御幸の際に拝覧したと伝えられる。

道長と法華経信仰

法華経信仰は『本朝法華験記』に代表されるように、平安時代に貴族から庶民にいたるまで広く浸透した。法華経読誦によってもたらされる現世利益の説話の数々は枚挙にいとまがない。こうした法華経信仰は権力者によって加速した。特に、藤原道長は、『栄花物語』巻第十二「たまのむらぎく」に、子息頼通《よりみち》の祈療のために読経する姿が描かれている。

ここら年頃仕え奉る『法華経』助けさせ給え。この世界に『法華経』が行なわれて仏道を広げたということも、その多くはそれがしが仕ったことなのです。この頼通の病の折にこそ、その験力を見奉ることなくご恩を蒙らないのでは一体いつを期したらよいのでしょうか。

この道長の祈願は、『法華経』の流通に貢献した自負と、その目的が験力の示現にほかならないことを、はからずも示した言葉となっている。こうして道長が「寿量品《ずりようぼん》」（『法華経』巻第六、如来寿量品第十六）を読むと、はたして大将頼通についた具平親王（九六四〜一〇〇九。村上天皇皇子。頼通室隆姫の父）の霊が現われ、女二宮降嫁問題を恨む。経典読誦が霊との交流をもたらすと信じられていたからこそ、このような霊験が伝えられたのである。

『法華経』と摂関家の音

道長の法華経信仰はとどまるところを知らず、同巻第十五「うたがひ」にも、寛仁三年（一〇一九）三月、道長は叡山の院源を師として出家し、七月に法成寺造営を発願したことや、その壮麗な様が描かれている。道長の贅《ぜい》を極めた法成寺造営は、須達《すだつ》長者の祇園精舎建立もかくやとされている。さらには長谷寺の住僧の夢想として弘法大師の生まれ変わり説や、天王寺の聖徳太子の日記に「皇城より東に仏法を広める者があったら我とこそ知れ」と記されていたとして、それにあたるのが道長であるとする説もあった。このように、この七月発願の法成寺造営によって、道長は御堂関白《みどうかんぱく》の名を得たのである。

道長自身は、九月に東大寺での受戒《じゆかい》を果たし、翌年には比叡山での受戒を行なった。そもそも人臣の位を極めた道長はその執政の当初から『法華経』の不断読経を行ない、内裏、東宮、宮々、摂政殿はじめ皆々が行なった読経の霊験はこのようにあらたかであったと伝えられる。したがって、この道長一門の他の殿ばら、国々の受領《ずりよう》までもが真似をして、道長と摂関家一門の栄華が『法華経』信仰の結果だと信じられたのである。そのため、国の内に不断経を読まないものはないという有り様だったという。かつて天皇の詔によって国々に『般若心経』読誦の音が満ちたように、このとき、藤原摂関家によって『法華経』の音が天下に満ちたのである。

毎年五月に行なわれた法華三十講では開経の『無量義経《むりようぎきよう》』から始めて一日に一品ずつ『法華経』二十八品の論議を行ない、結経の『普賢《ふげん》経』で結ぶ。南北二京の僧綱・凡僧・学生《がくしよう》の数を尽くし、上達部・殿上人、比叡山からも南都からも学問僧が集まって公私の交わりの始めとして、この法会の参加を名誉としたという。続いて述べられる春三月と秋九月の勧学会《かんがくえ》の盛んな様は、源為憲《みなもとのためのり》（～一〇一一）の著わした『三宝絵詞《さんぼうえことば》』に詳しい。かつて慈覚大師円仁が唐から伝えた比叡山の念仏を模して西北院（妻倫子《りんし》の持仏堂）で念仏が行なわれた。その様の華麗なこと。聖地の音は洛中の音に写され、道長を頂点とする藤原氏一門以下、貴族社会が拡大した法会の贅《ぜい》はとどまるところを知らないかのようであった。

一条朝と歌謡の時代

加えて一条朝は歌謡が一気に花開いた時代でもあった。公達《きんだち》は法会の後の解斎《げさい》の場で、管弦の遊びや、催馬楽《さいばら》や今様《いまよう》、朗詠《ろうえい》などの歌謡に興じ、読経争いとしてくるくると鮮やかに経典読誦をして楽しんだ。『栄花物語』は『三宝絵詞』によりつつ、僧俗が経典の趣旨を織り込んだ和歌を読み、漢詩文を作り楽しむ様を描き出す。それは、『和漢朗詠集』仏事から、

百千万の菩提《ぼだい》の種　八十三年の功徳《くどく》の林

同じく、

願はくは今生世俗文字の業《ごう》　狂言綺語《きょうげんきご》の誤りをもて
かへして当来世〻讃仏乗《さんぶつじょう》の因　転法輪《てんぽうりん》の縁とせん

と朗詠する尊さを述べ、『法華経』「五百弟子授記品」の文言「御衣の袖を一乗の珠《たま》をかけて」に続く。いずれも唐の白楽天《はくらくてん》の詩集である『白氏《はくし》文集《もんじゆう》』からとられた句で、特に後者は、今生《こんじょう》（現世）に詩歌を作り言葉を弄《もてあそ》ぶ罪を犯したことを転じて、仏を讃え説法の因縁としたいとの願いをこめて、繰り返し日本の知識人に愛唱された。

院政期の九条家出身の慈円は、その歌集である『拾玉集《しゅうぎょくしゅう》』の二〇〇五番歌の左側の注に白楽天は文殊《もんじゅ》の化身であると記して、この一節を踏まえた叙述をしている。このように、

日本では白楽天と文殊信仰が結びついて広く流布していた。また、当時の和歌は日本の陀羅尼であるとの思想を受け継いでいる。心情や信仰を表現する和歌には霊的な力がやどり、インド伝来の陀羅尼（真言）と同じだというのである。経典読誦と和漢朗詠が、拍節と漢字音の共通する時期を経て、勧学会をはじめ法会の後の解斎の場を通じて交歓されていたことはすでに見てきた。やがてそれは、信仰のうえでも強い結びつきを持つにいたったのである。

藤原公任の和歌

『和漢朗詠集』はこのように音の世界に強い影響を与えたが、その撰者は、四条大納言藤原公任《きんとう》（九六六〜一〇四一）である。『栄花物語』巻第十五、「うたがひ」は、公任の経趣和歌（経典の語句や趣旨を題材とした和歌）として、『法華経』「寿量品」の「常在霊鷲山《じょうざいりょうじゅせん》」から、

出で入ると人は見れども世と共に　鷲《わし》の峯なる月はのどけし

同じく「普門品《ふもんぼん》」から、

世を救ふ中には誰か入らざらん　普《あまね》き門を人しさゝねば

と詠じたことを収めている。そして、この公任の和歌を人々が集って誦したのである。こうした経典を題材とした和歌が、作者から披露されるにとどまらず参会者で歌い上げる、

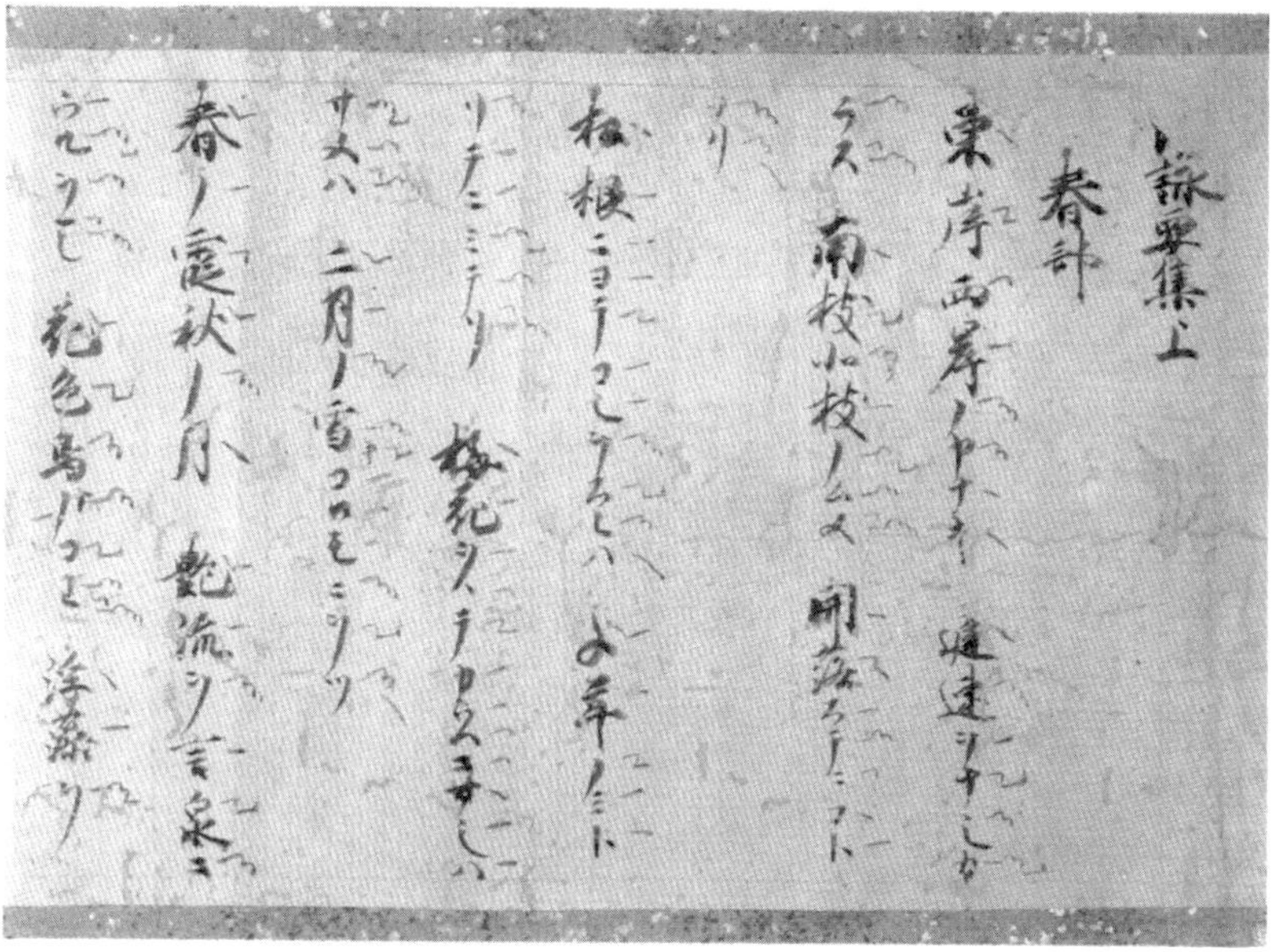

『朗詠要集』(東京国立博物館蔵)

『和漢朗詠集』などの漢詩と和歌に譜を付けたもの。鎌倉時代の正応5年(1292)の奥書を持つ。写真は慶滋保胤、尊敬らの詩の訓読文に節博士をつけている。藤家流の朗詠の伝承を伝え貴重。

すなわち歌謡としてその場で鑑賞されたのである。
今日、和歌を歌い上げる場に接することは稀であるが、新年の宮中歌会始めの和歌披講はその代表的な場である。毎年話題となるように、老若男女、世代や境遇を超えて共鳴する和歌の音の力を知ることができる。読経も和歌も、書かれた文字を読むことによって音声化され、場を共有し、さらに時代や空間を超えてより多くの人々の心に届くのである。

『法華経開題』と三詩人

公任は、漢詩にも秀でていた。同時代の漢詩人との交流も盛んで、公任と藤原行成《こうぜい》と源為憲との三人の間で『法華経』を基とした漢詩を取り交わしている。仁和寺に伝えられている『法華経開題』と題された一書がそれで、大日本史料に収められている。

参加者の藤原行成（九七二〜一〇二七）は、書道の達人で三蹟と称えられる世尊寺《せそんじ》流の祖である。父の義孝は法華経信仰者として説話に広く知られている。もう一人の源為憲は、『本朝文粋』でも知られる漢詩人で、『三宝絵詞』の作者としても名高い。

さて、この漢詩集は、まず行成が『法華経八品之詩』と題して、『法華経』の「序品《じょぼん》」「方便品《ほうべん》」「譬喩品《ひゆ》」「信解品《しんげ》」「薬草品」「提婆品《だいば》」「寿量品《ずりょう》」「薬王品《やくおう》」の八品によった漢詩を作り、次韻を求めて公任に送ったことに始まる。すると公任は、行成の詩を「理深く詞は妙なり。すなわち釈教（仏教）を略して学ぶものである」と高く評価したうえ、それぞれに漢詩を付け、さらに「安楽行《あんらくこう》品」と「普門品」の二品の漢詩を書いて返した。感動した行成はさらにこの二品の分の漢詩を作ったのである。その一つを紹介しよう。

安楽行品　　中大夫藤原行成
幸矣釈尊説四行　　一心敬礼業塵軽
夢中作仏表来世　　静処諳経観後生

詩の趣きは、次のようである。釈迦が四つの行法を説いて下さったのは幸いである。一心に仏に帰依して祈れば、（自分の）罪業や汚れが軽くなる。夢の中に仏を見、来世《らいせ》が表われる。静かな所でお経をそらんじれば、後生《ごしょう》にまみえるのである。ここに『法華経』暗誦の心が詠われている。源為憲は、この行成の詩を公任から見せられて感動し、それぞれの品に自分も詩を詠作して加わったのであった。こうして二十八品すべての漢詩が整えられたのが、『法華経開題』なのである。

釈教略学と声字転換

この漢詩集でたいへん注目されるのは、当代の文化人、文学者がこのような経趣による詠作を「釈教略学《しゃっきょうりゃくがく》」と捉えていたことである。経典から題をとって漢詩や和歌を詠むことは、平安時代以降、広く行なわれていた。

それが信仰心の表われによることはいうまでもない。だが、公任らにとって経題詩は、単なる宗教的な情趣ではなく仏教を学ぶことと同義であったのである。

考えてみると、音芸とされた読経も和歌披講も漢詩文の朗詠も、甲乙《かんおつ》という高低二つの音を複数の人々が寄り合わせる声技であった。信仰が経典の思想を立ち上げ、和歌として、あるいは漢詩文として音声化される。信仰が一人一人の身体をなかだちとして音になることで拡大して再生産され、集団の音となってさらに拡大されてゆく。ここに、「声字転《しようじてん》換《かん》」の機能がある。釈尊の声を文字として表わしたのが経文である。その文字から、再び音声として再生することに大きな意味があった。この法音の再生装置としての個の存在があり、創造の営みのなかに信仰のさらなる波動が生まれるのである。神仏は、この法音の拡大を法楽（音の捧げ物）として納受し、音は冥界の霊魂にも届く。公任は、口ずさめる言葉を切り取り、寄り合わせるべき音の世界を端的に示した点で大きな功績を残したのである。

音の学問と権威

音楽家としての公任は、催馬楽《さいばら》を相承し、箏《そう》の名手でもあった。さらには、「錫《しやくじよう》杖相承」や「唄《ばい》相承次第」に見えるように俗人にして声明の名人でもあった。そして、信仰上の事跡では『大般若《だいはんにやきようじしよう》経字鈔』を著わして呉音の集成に功績があった。園城寺食堂《じきどう》（中院）で修される四箇大法会――百日談義・百双番論義・千僧供養、結縁灌頂《けちえんかんじょう》のうち、千僧供養と結縁灌頂の壇主とも伝えられている。またこの結縁灌頂は恵心僧都《えしんそうず》源信が始め行なうとも見え、園城寺流読経に公任もまたかかわっている（『寺門伝記補録』第八）。

『読経口伝明鏡集』に始まり、『元亨釈書』巻第二十九、音芸志七にいたるまで記録されるように、和歌・漢詩・読経の音を整えた公任の声技は、息男の定頼《さだより》に継承され、俗人の家の読経は文芸と密接な関係を築いて行く。

定頼もまた読経をよくし、和泉式部の娘の小式部内侍《こしきぶのないし》との説話が伝えられている。『古事談』や『宇治拾遺物語』によれば、定頼が小式部内侍を訪ねると、すでに時の関白教通（『古事談』では、藤原頼宗）が先客として来ていた。これでは、定頼は引き返さざるを得なかった。その際に読経を行なってその存在をアピールした。すると女はその読経に涙を流し、先客の男も信仰に目覚めたという。『古事談』は、この後に読経伝説の陽勝仙人が定頼の読経を聴聞に訪れた話を載せている。

さらに、その息男である迎摂房《げいせつぼう》経源は、念仏聖として名高く、法成寺の念仏会の創始者ともいわれている。こうして公任の信仰と音声の学問が継承され、音の権威が形づくられ、その周辺に説話の世界が展開してゆくのである。

〈藤原公任関係略系図〉

藤原実頼─┬─頼忠─公任─定頼─経源
　　　　　└─斉敏─高遠─資高─和泉式部─小式部内侍

『孔雀経』の力

孔雀の羽根と陀羅尼

『孔雀経』は不思議な経典である。七色に輝く孔雀の尾羽根をかざし、不思議な呪文＝陀羅尼を読むエキゾチックな修法として院政期に人気を得た。『孔雀経』が祈雨法に用いられたことは、すでに述べたが、験者としてよく知られているのは、修験道《しゅげんどう》の祖である役小角《えんのおづぬ》（賀茂氏出身の修験者で、役行者と呼ばれた）である。しかし、真言宗が本格的に密教の修法を行なうようになると、修験道もしだいに整理統合された。

当山派修験道を統括した醍醐《だいご》寺にある、清滝宮は唐の青龍寺の鎮守であった娑羯羅龍王第三女を祀る。小野仁海の活躍で一品に叙せられているようにまさに祈雨法の霊地であった。院政期以降、弁官を奉行として盛んに『孔雀経』御読経が行なわれた。『座主次第』建永二年（一二〇七）五月二日条によれば、成賢《せいげん》が座主であった当時、五、六度の修法で雨が降らないことはなかったという。

『孔雀経』は真言――呪・陀羅尼――に満ちた経典である。義浄訳『大孔雀呪王経』には、三十二の江河王や五十二の大山王の名を呼び上げる部分がある。たとえば大山王の名のうち、「雪山王」などに交じって「妙高山王」「日光山王」「阿蘇羅山王」「金峯山王」の名が見え、修験道の名山との関係がうかがえる。『仏母大孔雀明王経』には、七十三大羅刹女の名や守護者眷属の名の列挙があり、その末尾には、『大金色孔雀王呪経』が付されている。この『大金色孔雀王呪経』はほとんどすべて陀羅尼呪である。

その陀羅尼の一節に「希利希利希利希利……」と十回繰り返される「キリ」という呪文がある。これは他の密教経典にも見られる呪文

密教の呪文と神楽

だが、日本の神楽歌にも取り入れられている。

神楽歌は、和琴《わごん》と笏拍子《しゃくびょうし》が歌に合わせて、本方、末方の独唱の後、両者が掛け合う形で歌詞が繰り返される。

「吉々利々」（宮内庁雅楽部現行曲／〈参考〉小学館日本古典文学全集『神楽歌』七二番

「明星《あかほし》」より、基本部分を示す）

本歌《もと》

希利　吉々利々々々　千載栄《せんざいよう》　白衆等《びゃくすとう》　聴説晨朝《ちょうせつじんちょう》

清　浄偈《しょうじょうげ》や　あかほしは　明星《あかほし》は

くはや此処《ここ》なりや　何しかも

今宵の月は　ただ此処に坐すや

末歌《すえ》

白衆等　聴説晨朝　清浄偈や　明星は

明星は　くはや此処なりや　何しかも

今宵の月は　ただ此処に坐すや

『法華懺法《ほっけせんぽう》』の朝の曲を歌うその時に、暁《あ》けの明星が空に出ているよ。それなのに今宵の月はまだいらっしゃる。そんな夜明けの空を歌った神楽である。

キリキリの音

冒頭の「希利」で始まる「吉々利々」は「吉利吉利」と同じで「きりきり」と読む。『梁書』諸夷伝に婆羅門《ばらもん》が男女をめあわせるときの呪祝の語として「キリ」が用いられていることが指摘されており、本来、インドから伝えられた邪を払い人々を祝福する語であった。さらには軍荼利明王《ぐんだりみようおう》の呪文として「吉利吉利真言」が知られ、強く魔を払う力を持っていた。これを『覚禅抄』は、清浄の意味であるとしており、同じ清めの意味が次の「清浄偈」に繋がる。

この偈は『法華懺法』のなかで六時に分けて行なわれる修法のうち、朝唱えられる晨《じん》朝偈《ちようげ》にあり、漢音で歌われる声明曲である。「衆等に白《もう》す　晨朝に清浄偈《しようじようげ》を説くを聴け」の意で、『涅槃《ねはん》経』によるとされる。遠く古代インドのバラモン僧の音が、仏教に取り入れられて、中国を経て遙か日本に伝えられたのである。あるものは『大金色孔雀王呪経《だいこんじきくじやくおうじゆ》』などさまざまな密教経典の偈や、軍荼利明王の真言（陀羅尼）からもたらされた呪文として、あるものは『法華懺法』で唱えられて人々の願いを叶えた。さらには神楽に取り入れられて、現代もなお宮中で歌い継がれている。

中世の神楽の歌い方では、宇多源氏周辺で編纂されたと考えられている異本『梁塵秘抄口伝集』巻第十一に「星三首曲」として見え、星の博士（譜）は別であるとして、次のように述べている。星の句に「吉々利々」のところに仏経の説があって、僧中の伽陀《かだ》（声明の一種）の音を別けて一句ごとに終わるように。その音は双調に始まり黄調の乙に終わる。これを「星の博士」というのだと。つまり中世の歌い方では、経文からとった部分は他の部分とは別けて、本来伽陀と同じであったという。神楽「吉々利々」は明らかにインドの音を含んでいたのであり、音にこそ呪力があったのである。

神楽歌は神道の家や楽人のものだけではない。妙音院師長や俗人の系統も継承していた。

神楽と和歌

神楽は歌い遊ぶものでもあって、名称も変化していく。たとえばこの「吉々利々」も「明星」と呼ばれるようになり、院政期の歌人で似絵《にせえ》の名人でもあった藤原隆信（一一四二〜一二〇五。藤原定家の異父兄弟）の歌集『隆信集』七九〇番歌の詞書に見える。それによれば、白河なるところに藤原実国（一一四〇〜一一八三。高倉帝の笛の師）に誘われて神楽を歌い遊んだ。このときの実国の歌は、

暁がたに　ほしになりて　こよひの月は　ただここにます

とあって、五・六・七・七と定数から離れた四句の雑謡で、あるいは今様であったかもしれない。興の尽きぬままに帰宅後、二、三日して隆信の申し送った和歌が七九〇番歌である。

あかほしのあかで出でにし暁はこよひの月に思ひいでずや

実国からの返歌（七九一番）、

ただここにただここにとこそ思ひしを出でしは月のかひもなかりき

歌謡や和歌では「キリキリ」の音は消え、「明星」の「あか」や「ただ」という語句の繰り返し畳み掛けられる音に変わり、それは歌うときの拍節にも通じる。経文から採られた陀羅尼や声明が日本の神楽に採られ、その神楽が歌い遊ばれる。煌《きら》めく明けの明星の輝きがもたらす興趣が音から立ち上がり、歌謡や和歌を生み出してゆく流れが見てとれよう。

美声と恋愛

『隆信集』には、この後の七九二・七九三番歌に、ある宮腹の（姫君）のもとにて藤原清通、泰通の両卿と神楽を歌って遊んだことが見えるが、こちらは興なく不首尾に終わった。そのため、女房との間に天岩戸に引きかけた歌の贈答を行なっている。このとき遊んだ清通、泰通は、二人とも、『読経口伝明鏡集』に後白河院の俗の御読経衆として名が挙げられている大宮伊通の孫で、従兄弟同士の関係であった。特に泰通は、『読経口伝明鏡集』に後白河院の作らせた「読経音曲」の博士譜の相承に関連して名が挙がっている。声技の継承の家に、音と信仰、遊びと機知の場があり、それぞれに応じた表現があったといえよう。

『千手経』の力

出産と読経

読経が邪を払うものであったことから、出産の場面でも重要な役割を果たした。それが皇子誕生をかけたものであれば、なおのことである。たとえば、安徳天皇の誕生は、難産であった。中宮平徳子は、懐妊の初期から経過が思わしくなく、怨霊のたたりが言われたのはよく知られている。なかでも、恐れられていたのは保元の乱の崇徳院や悪左府頼長、鹿ヶ谷の変の罪人大納言藤原成親と鬼界ヶ島の三人の流人たちである。

高倉天皇は、出産の祈禱を兄弟である仁和寺の守覚法親王に依頼した。守覚法親王は、孔雀経法を修して応えた。出産後に高倉天皇が贈った感謝の書状が、仁和寺に今も伝わっている。

後白河院と『千手経』

『平家物語』巻第三「御産」を見てみよう。いよいよ出産のそのとき、中宮の両親である平清盛・時子夫妻はおろおろとするばかりであった。名うての験者たちが声の限りの読経を行なう。仏師たちは、新たな仏を作る。読経とのみの音が響くなか、産屋では中宮徳子の苦しむ声がする。その頂点に登場するのが、舅《しゅうと》の後白河院である。法皇は、ちょうど新熊野におでかけになるところであったが、御精進のついでであったので、中宮の見舞いに訪れたのである。

(院は) 錦の帳りの近くにおいでになって、『千手経』を打ち上げ〱あそばしけるにこそ、今ひときわ事が変わって、さしも踊り狂うよりまし共の縛も、しばらくうち鎮めた。法皇の仰せになるには、「いかなる物気 (物の怪) なりとも、この老法師がこうしているからには、どうしてか近づき奉るべきであろうか。(中略)」とて、「女人生産がたいであろう時にのぞんで、邪魔遮り生じて苦が忍びがたい時にも、心をいたして『大悲咒』を称え誦すれば、鬼神も退散して、安楽に生めましょう」とあそばして、皆水晶の数珠を押し揉ませ給えば、御産は平安であったのみならず、皇子でこそいらしゃった。

後白河院と平清盛は、同じ持経者の姿が伝えられながら、物語では、孫の誕生は、院の『千手経』と『大悲咒』の読誦による怨霊退散によって成就する。

後白河院の信仰が、千手観音を中心としたものであり、三十三間堂で知られる蓮華王院の仏たちは、院の信仰の象徴である。実際、後白河院は、中宮の懐妊中に何度か見舞って修法を行なっている。物語は、それを出産のクライマックスに集約しているのである。いうならば物語は、後白河院の観音の守護を求める音の力を認めるのである。

清盛の千僧供養

『平家物語』巻第六「慈心房」は、平清盛は、天台宗中興の祖である慈恵大師良源の生まれ変わりであると伝える。これは清澄寺の慈心房が地獄に行って閻魔庁で見聞してきたことになっている。慈恵は、『法華経読誦次第』に見える覚超や源信の師である。承安二年（一一七二）、清盛は、輪田の泊に経島を築いて船の運航を助けた。この島を築くのに、人柱の習慣を改めて一切経を書写供養したという。こうした善行が、持経者や念仏者の祖師である慈恵と結びつけられたとの指摘は正しい。

さらに『源平盛衰記』には、日吉神社の社頭で行なわれた千僧供養の盛儀が述べられている。千人の持経者を集め、摂関家にも勝る権勢であった。また、福原での千僧読経も、千人の持経者によって一千部の『法華経』転読が行なわれた。福原の千僧読経には、厳島の神主佐伯景弘が動いている。安芸一の宮の供僧のみならず河内諸寺の持経者も動員されていることが知られており、持経者たちにとって平家の盛衰は深く心に刻まれていた。清盛に持経者たちの伝承が結びついていたことが指摘されてきたが、その音が伝えられることはなかった。しかし、清盛もまた、信仰による権力の安定を求めたことは間違いない。熊野信仰や高野山の大塔建立、厳島信仰など物語が伝える清盛は信仰者であった。最後に「あっち死に」したときの水は、比叡山の千手院の水と伝えられ、清盛もまた最後は、千手観音の御手にすがったのであろうか。

音芸と読経

読経伝承の真実

道命と読経伝承

道命《どうみよう》は、藤原兼家と『蜻蛉日記《かげろう》』の作者である藤原倫寧《ともやす》女との間に生まれた右大将通綱の息子である。摂関家の血筋を引く阿闍梨《あじやり》であった。道命には、優れた読経の才能があった。しかし、道命は僧でありながら名うての色好みであったという。ここに当時の有名人を重ねた伝説が生まれた。『宇治拾遺物語』第一話から紹介しよう。

今はむかし、道命阿闍梨とて、傅殿《ふどの》藤原通綱殿の子に、色にふけった僧があった。この道命、和泉式部に通っていた。道命は、経を素晴らしく読んだ。和泉式部のところに行って臥したが、目覚めて経を心をすまして読んでいる程に、(『法華経』の)八巻

を読み、暁にまどろもうとする程に人の気配がしたので……（後略）

情事が果てて後、読経の聴聞に訪れた「人」とはいったい誰であったのか。それは五条天神の傍らにあった道祖神《どうそしん》であったという。不浄読経を聴聞する下品《げぼん》の神とは、陽石（男性の陽物を象《かたど》った石）であるともいわれる。この神が語るに、今夜は不浄読経なので『法華経』を受持する者を守護する神々からも避けられたからこそ、道命の名調子を聞きに訪れることができたのだ。物語は、『往生要集』の作者として知られる恵心僧都源信《えしんそうずげんしん》の誡を引いて結ぶ。すなわち『源信僧都四十一箇条起請《きしょう》』から「念仏、読経、四威儀《しいぎ》（行住座臥《ぎょうじゅうざが》の四つの戒律）を破るなかれ」と。この説話は、無住《むじゅう》の『雑談集《ぞうだんしゅう》』（嘉元三年〔一三〇五〕成立）にも収められているので、当時、広く知られた話であった。

しかし、道命がはたしてこのような破戒《はかい》僧であったかといえば、古代から中世へと物語の変容があった。道命は本来、寺の財産を着服して地獄に墜《お》ちるところを、読経の功徳《くどく》で極楽に生まれることができたという、戒律を守ることを説いた説話の主人公であった（『法華験記《ほっけげんき》』『探要《たんよう》法華験記』ほか）。しかし、『宇治拾遺物語』が編纂された当時、念仏も読経も「音芸」と呼ばれ批判される要素があった。だからこそ、戒律を説き直す必要があったのである。古代から中世へと、音が愛でられれば愛でられるほど、そこに魔が忍び寄る。道命と和泉式部の物語は、阿闍梨と好女の交歓のシンボルとして、音の隆盛とエロス、堕落と邪義への警告でもあった。

音芸と読経

音芸としての読経は、「読経音曲《どきようおんぎよく》」とも呼ばれ、僧俗男女に行なわれた。

この領域の読経についての最も詳しい資料の一つが、沼本克明氏が紹介した文安本『読経口伝明鏡集《どきようくでんみようぎようしゆう》』（『鎌倉時代語研究』第十三輯、一九九〇年十月）である。弘安七年（一二八四）に能誉《のうよ》という僧が、自分の師匠である良能《りようのう》（一一八二〜一二五二）から聴いたことをはじめ、合計九人の先師の所伝を記録したという。同書は、早く小西甚一氏が空海の文芸論の書である『文鏡秘府論』の研究のなかで論じられており、これを参考に整理する（『文鏡秘府論考　研究編』、大八洲出版、一九四八年四月）。

まず、仁和寺からは、宮内卿律師《くないきようのりつし》　承祐《じようゆう》・弁阿闍梨　慶円・伊予僧都　快全・三位法印《さんみのほういん》能顕《のうけん》の四人、園城寺から、卿法眼《きようのほうげん》　承意・若狭律師　栄円の二名、東寺から治部卿律師《じぶのきようのりつし》明豪、延暦寺から大進法橋　全能・少輔僧都《しようゆうのそうず》　良能の二名であった。これを見ても、読経の相承が、天台系と真言系の両方に広くわたり、音を伝え秘伝を伝えて交流が行なわれていたのである。

編著者の能誉

では、選者の能誉とは何者か。奥書から、能誉は本書を書いた時には六十歳あまりで、長期の東国在住の時代があったらしい。また、この書が醍醐寺で書写されていることなどから考えて、醍醐寺に縁が深い僧と考えられる。とすれば、『醍醐寺新要録』が記す阿弥陀院の有職《ゆうそく》のなかに能誉の名が見える。この能誉は、師の守海が東国に下っていることなどからも、奥書の条件に近い有力な編著者と推測される。ただし、鎌倉将軍宗尊親王との関係など、奥書に史実と合わない部分もあり、なお検討が必要である。いずれにしても、鎌倉時代の醍醐寺は『法華経』を重んじており、比叡山や園城寺（三井寺）とも深い交流があった。この能誉の相承も天台宗と真言宗の両系統を引いており、人と学問のネットワークが、宗派を越えることを示している。能誉は、こうした広い学問の成果を『読経口伝明鏡集』に書き残したわけだが、『五韻次第』の注記によれば、『法華経音義』も著わし、その説が尊重されている。

『元亨釈書』の音芸志

次に信頼できる資料は、虎関師錬《こかんしれん》が元亨二年（一三二二）に著わした『元《げん》亨《こう》釈《しゃく》書《しょ》』の巻第二十九、音芸志七である。

本朝には、音韻《おんいん》をもって我が道と主張する四家がある。経師、梵唄《ぼんばい》、唱導、念仏である。これらは、いにしえは皆「行」であったが、今は「伎《わざおぎ》」である。

『元亨釈書』は、音芸として、まず四つを挙げる。第一の「経師《きょうし》」は読経、次の「梵唄《ぼんばい》」は声明、三番目の「唱導《しょうどう》」は説経、最後は念仏である。これらの記述からみて、禅僧である虎関師錬は、どうも音芸そのものを良く思っていなかったらしい。その証拠に「行」と「伎《わざおぎ》」（芸能の意）を対比させていたり、それぞれの項目ごとに批判の言葉を載せていることからもわかる。

ここで音芸の第一に挙げている「経師」について虎関師錬は、「経師は持誦《じじゅ》である。顕《けん》密《みつ》にわたって今に称されるのは、法の根本である。昔は諸師は皆読経を務めたものである」と述べている。つまり、「経師」とは、本来は「持誦」なのであって、お経を受持（いつも身から離さず大切にすること）し、お経を読み暗唱することを基とする。これは、「持経者」と同じことである。

この後に虎関師錬が記すように、経師は唱導とともに『梁高僧伝』に新しく立てられた項目である。しかし、これは後から書き加えられた可能性が指摘されている。一方、虎関師錬の属する禅宗では、「不立文字《ふりゅうもんじ》」を旨とし、テキストとしての経典の細部の字義にこだわる態度を「経師」として、人を悟りに教え導く「人師」に対置して批判するのである。『元亨釈書』の経師もまた批判の対象と理解される。

経師の始め

次に『元亨釈書』は、養老三年（七一九）に経師が正されたとして道栄と勝暁の二人の読経の名人を挙げるのだが、正しくは四年のことであり、古代の名人には不明な点が多い。そのなかで光空と春朝《しゅんちょう》はともに『法華験記』と『今昔物語集』に見えている。特に春朝は『元亨釈書』巻第十二、忍行第五にも収められているが、『法華験記』巻上や『今昔物語集』巻第十三「春朝持経者顕経験語《きょうのげんをあらわせること》」第十によったと見られる。春朝は「持経者」とあるだけで、その出自や事跡はよくわからないが、中古の読経の名人として注目されている。

> 沙門春朝は権者であって直人《ただびと》ではない。言音和雅《げんおんわが》にして巧《たく》みに『法華経』を誦す。（中略）高家権門、公子王孫争って招請して経を聞き、我が家に住むことを願った。花の都も田舎も、貴賤上下、皆、春朝が住む所に訪ねて行って、その読経を聞いて讃歎するのだった。

これは、春朝が音芸「読経」の専門家として活動していたことを示している。「言音和雅」「微妙の音」「音貴し」と讃えられる、声技の僧たちの時代が始まったのである。

この後『元亨釈書』は道命に先立つ名人として陽勝《ようしょう》と延命をあげ、二世は振わなかったとする。陽勝は、『法華験記』『日本高僧伝』等に説話が見え、延喜年間（九〇一～九二二）に金峯山に住した仙人のような僧である。『二中歴《にちゆうれき》』の名人歴「聖人」に、役行者などと共に見える。

『今昔物語集』巻第十三「陽勝、修苦行成仙人語第三《くぎようをしゆしてせんにんになれること》」によれば、比叡山西塔の勝蓮華院の空日律師に天台の法文を習い、『法華経』を受持した。後に経原寺の延命（伝未詳）に袈裟を譲ったという。このように『元亨釈書』はこうした説話を基としており、次に述べる道命以前を「不振」とするが、正確にはよくわかっていない。

経師の系譜

長保・寛弘年間（九九九〜一〇一二）にいたって、すでに紹介したように『宇治拾遺物語』や『今昔物語集』などの説話で読経の名人として名高い道命が現われた。じつは虎関師錬は、道命の話を「霊怪篇《れいかい》」で一度取り上げているのだが、この「音芸志」では音芸「読経」の一つのエポックとして改めて取り上げている。それによればこの業《ぎよう》が道命にいたって繁昌したとし、以降の経師の系譜を次のように述べている（系図は後掲参照）。これについて解説を加えて示す。

道命（九七四〜一〇二〇）は、藤原兼家の孫、道綱の息男である。道綱の母が『蜻蛉日記《かげろうにつき》』の作者である藤原倫寧女《ともやすのむすめ》であるから、彼女の孫にもあたる。法輪寺や天王寺に止住し、山間修行や面白い和歌のやりとりなど、その『法華経』読誦の伝承は多く広い。特に

『宇治拾遺物語』第一話に批判的に取り上げられており、院政期以降、道命の伝承に芸能僧に対する批判が重ねられ、変容があったことが指摘できる。

隆円（九七九〜一〇一五）は、藤原道綱の兄道隆の息男である。帥内大臣伊周《そちのないだいじんこれちか》や隆家の同母の兄弟で、道命には従兄弟にあたる。小松僧都と号した。

隆命（一〇二一〜一一〇六）は、隆明とも記される。道命の従兄弟である隆家の息男で、先に挙げた隆円の甥にあたる。園城寺長吏《ちようり》。御室戸と号した。『中右記』長治元年（一一〇四）九月十五日条に「深く真言を智（＝知）り、頗《すこぶ》る止観（天台大師智顗の著わした『摩訶止観』、天台宗の根本の書の一つ）を学び、甚《はなは》だ験力有り」と記されるほど優れた験力をもっていた。白河院・堀河院の護持僧《ごじそう》であった。

増誉（一〇三二〜一一一六）は、藤原隆家の孫、経輔の息男で、一乗寺と号した。第三十九代天台座主、園城寺長吏、三山検校、天王寺別当を歴任。後三条・白河・堀河三代の護持僧を勤める。『中右記』嘉保元年（一〇九四）七月八日条に「仏法の霊験、誠《まこと》に以《も》って顕然者か」と見える。

快実は、その出自や伝が詳らかでない。あるいは『妙法院門跡相承次第』十二代の快実阿闍梨か。

明実（生没年未詳）は、『読経口伝明鏡集』によれば宇多源氏の道経の息男である。『尊卑分脈』には道経の息男に永覚を挙げる。『読経口伝明鏡集』に白河・堀河・鳥羽三代として明範と並び名が挙げられている。また、名の横に「奈良」と注記されている。

慶忠（一一三六〜一二二六）は、『読経口伝明鏡集』に、道命の兄兼経の五代の後胤とされる。楊梅重季《ようばいしげすえ》の息男とあるが、『尊卑分脈』には見えない。重季は「神楽秘曲相承第一流」と記される樋口大納言定能（一一四七〜一二〇二）の兄で年代的に少し無理があるようである。『玉葉』文治五年（一一八九）十月十三日条に「当世能読《のうどく》」、『明月記』嘉禄二年（一二二六）六月十四日条に「能読逸物」と見える。

能顕（生没年未詳）は、『読経口伝明鏡集』によれば先述の慶忠の息男。仁和寺三位法印あるいは白河法印と号した。『法華廿八品字読クセ』に鏡忠から相承したことが記され、後白河院が出家した際召された挿話が見える。能誉の師であった。その伝承は『明月記』に見え、後述する。

祐宗（生没年未詳）は、『読経口伝明鏡集』によれば、能顕の息男。『法華廿八品字読クセ』に、「読経家」とあって父能顕から相承したことが見える。『文字声口伝明鏡集』にも名がある。

信昌（生没年未詳）は、『読経口伝明鏡集』によれば、良能の息男。あるいは、冷泉家の周辺と交流し、和歌の才能があったか。『元亨釈書』は、特に道命の十世であることを述べる。

道命の位置づけ

この系譜のなかでは、音芸としての読経の実質的な祖を道命としている。道命は、三条院の目の病の祈療《きりよう》（祈りによって病気の治療を行なうこと）に参上して、験力を発揮したと『小右記』に見える。怨霊が天狗の姿になって三条天皇の目を羽根で覆い隠し、その羽根をうち振るうときに、すこしだけ天皇の目が見えるのだといわれた。道命が『法華経』の読経の力で闘ったのは、怨霊だったのである。

『元亨釈書』は四条大納言藤原公任が道命から親しく音調の教えを受け、息男の定頼（～一〇四五）に伝えたことや、白河院が、道命から四世にあたる永覚から音を受けたことを記す。『読経口伝明鏡集』も永覚を重視し、系図では永覚を冷泉帝皇子敦道《あつみち》親王の子としている。母は和泉式部か。出自の系譜と後白河院にいたる読経の相承系譜を示されている。護持僧が帝に読経の読みを授けることは、後の順徳院の著わした『禁秘抄《きんぴしよう》』に述べられている。こうした点を考えると、これらの相承系譜には注意が必要なことがわかる。そして『元亨釈書』も、記述をそのまま音芸「読経」の系譜と読むには、いくつかの問題があるのである。

まず、道命と道命にかかわる一門を取り立てていること。『読経口伝明鏡集』では、道命のみを取り立てて注目したり、道命流と特に認められる記述はない。道命本人に限ってみても、『読経口伝明鏡集』は複数の相承伝承を記している。しかし、道命が天台座主慈恵の弟子の慈暹《じせん》から継承したことや、道命が源俊房に伝えたことなどの伝承には、混乱も見られる。

法華読誦相承次第

読経が単なる音芸ではなく、特に重要な修法のための呪力を持っていたことはすでに述べてきた。修法としての読経の系譜には、『法華廿八品字読クセ』『法華読音』、小野随心院蔵『法華経音義』ほかに梶井流と恵心流が載せられている。これは、怨敵調伏《おんてきちょうぶく》の秘法『鎮将夜叉秘法《ちんじょうやしゃひほう》』など天台の修法の系譜と一致している。次に略して示す。

法華読誦相承次第

梶井《かじい》流

慈覚大師―承雲和尚―尊意贈僧正―安恩内供―尋叡内供―

明快大僧正—良真大僧正—最雲法親王—仁豪僧正—明雲大僧正
顕真権僧正—仁全法印—承弁法眼—源全法印—義源法印

恵心《えしん》流

恵心先徳—覚超—勝範—長豪—忠尋—寛勝—仁真—行忍上人
阿観上人
妙観上人—義源

梶井流と恵心流

梶井流は、慈覚大師円仁を祖とする。天台宗の奥義である一心三観にかかわる相伝を持ち、読経については天台座主明雲の所説も伝えられている。恵心流は、恵心僧都源信（九四二〜一〇一七）を祖とする。源信は横川《よかわ》に念仏結社を興し、当時の浄土信仰に大きな影響を与えた、声明・和讃《わさん》の祖でもある。また、祈雨の話も伝わっている。この源信の弟子には、多田満仲の子で源賢があったが、この一流は読経だけでなく、『法華経』の受持の全般を導く経師から中世の職人伝承にかかわっている。『元亨釈書』の音芸「読経」の系譜に天台座主増誉が含まれていることは注目されるが、これは道命にかかわる血筋として読むべきであろう。行法としての読経と音芸「読経」は影響関係を持ちつつも、原則として区別されていたといえる。そして、それは音芸「読経」と呼ばれる側からの自己主張と解されるのである。

天台記家の義源

梶井流と恵心流双方の系譜の最後はいずれも義源で終わっている。成乗房義源は「記家《きけ》」と呼ばれる有名な天台宗の記録相承の学問の流れに位置する学僧である。中世の天台宗の百科全書というべき『渓嵐拾葉集《けいらんじゆうようしゆう》』があるが、その著者である光宗は、義源の弟子にあたる。同書には、義源が「神明灌頂《しんめいかんじよう》」を受けていたことを記し、『厳神霊応集《げんしんれいおうしゆう》』という書があったことがわかる。また、真言宗と天台宗両方の学師に義源の名を挙げている。義源は歌道と兵法の項目にも名を連ねている。要するに、当代の学僧であり、かつ神秘家でもあった。

義源は、『法華読音』を著したといい、その「法華読誦相承次第」の師匠を尋ねるに、梶井流からは源全法印、恵心流からは阿観上人と妙観上人の二人が挙げられている。まず、梶井流の源全法印は、梶井法印とも呼ばれ、延暦寺の執当であった。妙観上人については、横川霊山院の明源であることがわかっている。水無瀬家の祖である藤原親信の孫の明源と同じであるとすれば、この一門は後鳥羽院の近臣として栄え、音楽と和歌に秀でていた。またもう一人の阿観上人は、藤原定家の従兄弟で、醍醐寺の忠海（彦珍とも）の息男であった可能性がある。父の忠海は宿曜師であったし、定家の弟の静快は能読であった。血筋からいえば、呪的な読経を継承していた可能性が高い。

秘法と読誦

『渓嵐拾葉集』の写本の一つが伝えられる寺に、上野国新田庄世良田《こうずけのくににったしょうせらた》の長楽寺という古刹《こさつ》がある。この寺に伝わる文書や書籍に、義源の事跡が多く見られる（小比木輝之校訂『世良田長楽寺文書』続群書類従刊行会による）。上野国一宮の光明院は、義源の起立だという。

この長楽寺に、『秘密瑜祇都法灌頂秘録《ひみつゆぎとほうかんじょうひろく》』という円仁に始る穴太《あのう》流の秘伝書が伝えられている。妙観上人明源は、弘安七年（一二八四）に源全から先の秘伝書を授けられ、さらに延慶二年（一三〇九）に義源に伝えている。この書では、義源は横川《よかわ》霊山院法釈房と注記されているので、横川での相承であったろう。

このほか、義源は、やはり秘伝書の『灌頂持誦秘録《かんじょうじじゅひろく》』という秘伝を行遍《ぎょうべん》から相承していたこと、役行者から伝わったという『寿命経灌頂秘決《じゅみょうきょうかんじょうひけつ》』も相承していたことなどが明らかである。こうしたことを見れば、「法華読誦相承次第」は、天台宗の秘法、おそらく法華法にかかわる『法華経』の読誦であったことが推測されるのである。義源の名は、『法華経二十八品読クセ』にも見え、梶井流の明雲の口伝なども見えるから、いかに「正しく」経を読むかが、修法にとって重要視されていたかがうかがえるのである。

書写山流

播磨国《はりまのくに》の書写山円教寺を開いたのは、性空《しょうくう》上人である。この性空を祖とする書写山流の読経があった。性空は『今昔物語集』をはじめ多くの説話に登場するが、その読経は文殊菩薩から授けられたという。『渓嵐拾葉集』には、「書写流性空上人異相受記」という書が挙げられていて、文殊菩薩と普賢菩薩から真言の伝授を受けたとして相承されている。音読・訓読の二様で『法華経』を読み分けて、常人の及ばないスピードであったともいうが、また多く言葉を発しなかったとされる。性空は、九州の背振《せぶり》山や霧島で修行した伝承もあり、持経者としてはもちろん修験者としての色彩も濃い。

その一方で、如意輪観音《にょいりんかんのん》や、『法華経』と持経者を守護する十羅刹女《じゅうらせつにょ》の信仰を持っていた。また、室の遊女が普賢菩薩として現われたなどの伝承を持つなど、女性と縁が深い。花山天皇や、一条朝の上東門院と和泉式部をはじめとする女房たちの参詣は『読経口伝明鏡集』にも記されている。院政期の後白河院の参詣や、源平の合戦の死者供養も行なわれるなど、書写山は西国の信仰の中心であった。書写山流声明や真言、念仏も伝えられていた。書写山の記録では、歴代の長吏に能読があって、修験道や管絃に通じていた。書写山は、「西の叡山」と呼ばれて学問の一大流派を築いただけあって、名僧の交流が活発に行なわれていた。葉上房栄西もその一人であるし、先に述べた世良田長楽寺から探《たん》海《かい》という僧も書写山を訪れている。さらには、唱導で知られた京都の安居院流とも交流があった。こうして書写山流の学問や秘伝は、九州から東国まで広く伝えられたのである。

中世の名高いヒーローは、弁慶と義経だが、伝承の世界の弁慶は『義経記』では持経者であり、『源平盛衰記』では講式読みである。その弁慶の反抗の対象は、比叡山西塔と並んで書写山なのであった。民間の持経者にとって、この二つは、権威の象徴であり、書写山を炎上させる弁慶はスケールの大きい悪僧であった。人と音の流れに乗って、弁慶なども立ち表われ、さまざまな話が生まれてくるのである。

『元亨釈書』の問題点

こうして広く読経の意味と流派を見渡すと、『元亨釈書』の記述には、問題が少なくない。特に、信仰上の多くの流れのなかから道命流を取り立てて批判する点に、『元亨釈書』と『読経口伝明鏡集』の間に、道命流読経の取り扱いの違いがある。

『元亨釈書』では、隆円と隆命（隆明）はその生没年から見て、直接の相承はあり得ない。さらに客観的な資料に「能読《のうどく》」という評言が残されているのは、後鳥羽院の御読経衆とされる慶忠のみである。これを『読経口伝明鏡集』の挙げる「能読」、すなわち読経の名人と比較すると、『読経口伝明鏡集』は上古をよくわからないとして『高名録《こうみょうろく》』（逸書。今に伝わらない書物）を引用し、以下、三条帝以降の読経の名人を掲げる。

道命の後の隆円から快実までの四人は未詳であり、名が見えるのは六番目の明実以降である。その一方、後嵯峨朝の御読経衆として参仕した僧の記述は詳しく、慶忠以降、信昌までは資料に照らして活動が認められる。この点で『元亨釈書』の「寛元帝」すなわち後嵯峨院の時代（一二四二～七二年）を次のエポックとするのは正しい。

以上から、少なくとも道命から増誉までは、実際には験者という総合的な存在であって、読経は行の一つとして評価されていたものと考えられる。音芸「読経」としての社会的認識があったといえるのは、院政期の慶忠以降である。『元亨釈書』は、おそらく信昌にいたる音芸「読経」の歴史に勝ち残った一流の相承伝承を取り上げたものであって、前の時代の伝承や説話の影響下に道命を祖と仰ぐ読経僧の系譜が存在したと推測される。ここには『読経口伝明鏡集』の選述者能誉が誉め称えた先師良能の名はない。『元亨釈書』の記す系譜を道命流読経と呼ぶとすると、信昌の時代に他を排し、一流の正当性を主張する閉じた相承伝承が存在したことになる。

じつは道命には、音芸とは別の言語の学問の相承があった。院政期の読経のための書に『五韻次第』がある。その成立は未詳だが、南都の楽人《がくじん》の家筋である芝葛康《しばふじやす》が寛文五年（一六六五）に書写したものである。国語学の研究により、院政期の供奉僧《ぐぶ》の悉曇学《しったん》を記したものと考えられている。

『五韻次第』と慈恵大師良源

さて、『五韻次第』には経典の具体的な読み方はないが、四声論、五十音図や、妙音院師長の音楽理論の偈（呂律図）を載せている。この点で内容的に『読経口伝明鏡集』の基本と重なり、同書に先行するものと考えられる。伝承では、天台座主良源（九一二〜九八五）の作となっている。

良源は諡号《しごう》を慈恵大師といい、魔除け札の元三大師《がんざんだいし》・角大師《つのだいし》としても親しまれる。ただし、本書には明らかに良源以降に書き加えられた部分があり、慈恵大師良源の読経という一つの伝承を反映していると考えられる。先に平清盛の伝承に持経者の存在があったことを述べたが、その背景としてこの『五韻次第』のような学問の相承があったのである。そして、寛文本以外の系統の『五韻次第』の冒頭部の注記には、『天王寺別当次第』と、能誉の『法華経音義』から道命伝が抄出されており、能誉が撰述した『読経口伝明鏡集』とも重なる。『五韻次第』は、本来の道命流の読経に関連して享受されたと推測されよう。

次に九声図（後掲）を示して、道命の口伝を記しているので、要点を抄出して示そう。

道命の音の思想

○九つの仏の九つの音は、胎蔵界の八葉の九つの本尊である。九重の曼陀羅がこれである。九つの音には、（すべての始まりの音である）「ア字」を収める。是は一心一虚無が作る法音である。

○法花（経）の一部（すべて）の音は、「妙」の一音である。

○一心一音は三世諸仏の根本、微妙、深遠を極めた仏である。作善《さぜん》の法会は音をもって最勝の付属とする。また要言をもってなりと。

○この伝授は摂政太政大臣兼家公の孫で右大将道綱の次男である阿闍梨道命の相承である。秘すべし。

つまり文字の九つの音は胎蔵界曼陀羅《たいぞうかいまんだら》の九つの仏を表わし、九つの音はすべての根源の音として「ア」を含む。「ア」はサンスクリットの最初の文字であり、五十音図の最初の文字である。それと同時に、日本語の母音の最初でもある。この説は、阿字観《あじかん》と呼ばれる文字を観想して仏の境地に到達する修行法と通じている。『法華経』の音は「妙」の一音に集約され、それは、この世界の根本の仏である。だから、法会には音がなければならないという。ここに音の思想がある。読経僧たちは、このような口伝を「初重の大事」として秘密にしてきたのである。この前に述べられている妙音院師長の口伝と合わせて、摂関家やその周辺で伝授される『法華経』読誦の思想は、護持される天皇の問題にもつながっているといえよう。

道命は、天台座主（良源）の弟子にして、経や咒《じゅ》（陀羅尼・真言）の読誦に誤りがなかったという。道命を良源の直接の弟子とするには年代に矛盾があり、実際は、その弟子の慈暹《じせん》を通じて言語の学問と信仰を継承していたとすべきであろう。読経の世界では、『法華経』の音の秘伝を伝える道命の学問の正当性を強調し、正確無比の音で経文や呪文を読むということが重要だったのである。

悉曇学と読経

読経が悉曇学と密接な繫がりがあったことは、明らかである。『五韻次第』には、五十音図や四声をさまざまに五行思想に結びつけている。たとえば、音階や四声は次のように記されている（返り点は読み下している）。

双調　黄鐘調　一越調　出ル息ハ上音ノ楽ノ音也
平調　盤渉調　　　　　入ル息ハ響キ是レ悲ミ音也

去声　春ノ日ノ出ニ霞ノ立登カ如シ
上声　高キ峯ニ白雲ノ聳《ソヒ》エ上ルカ如シ
平声　鼓ノ響ノ音ニ応スルカ如シ
入声　滝ノ水ノ漲《ミナキ》リ落ルカ如シ
平入二声ノ性声　草木ノ露ノ下草ニ伝リ落ルカ如シ

次に、すでに紹介した妙音院師長の『声明口伝』に収められていた図と同じものが記されている。この「呂律図」と、『五韻次第』が先に述べた「四声図」とを比べれば、思想のうえで共通している。

また、高野大師（弘法大師）の「四声論」からは、「四声は四方・四季・四仏・四波羅蜜の音である。これは、発心、修業、菩提、涅槃の妙音である。生老病死の四相の四音である。四諦法輪の四菩薩の四音である」と述べて、六声の論に及んでいる。

このように、『五韻次第』の述べる音の世界は、悉曇学の音の知識、分類法に音楽理論と五行思想を融合させたものであった。さらに仏教思想と自然観が混じり合った独自の世界を作り上げていたのである。音に心があるだろうか。院政期の読経とは、「楽ノ音」「悲ミ音」を聞き分け、自然の音と一体となることであった。

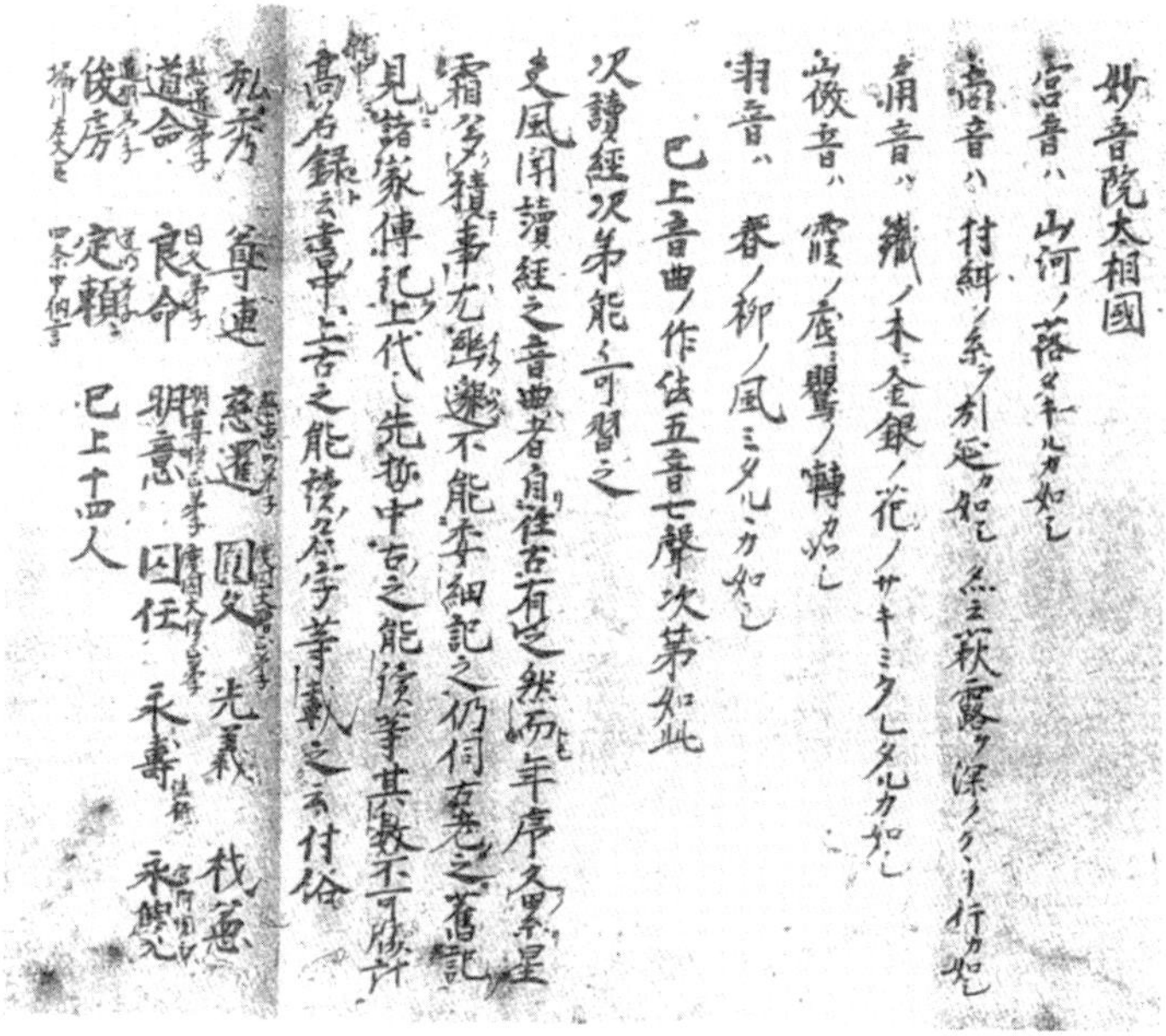

『永正十七年本　法華経音義』（東京大学国語研究室蔵、『古辞書音義集成』五〈汲古書院〉より転載）

永正17年（1520）以前成立の『法華経』の読誦に関する音義書。写真に妙音院師長の五音次第と中古の能読について述べた部分、道命と弟子の四条中納言定頼（公任息）や源俊房の名がみえる。

次に大事であったのは、五十音図の意味づけである。あかさたな、はまやらわ、各行にはそれぞれ悉曇学の理論から、喉内・舌内・牙内の三つの分類と、五調子が組み合わされて説明される。この理論でいえば、あ行は喉内音で一越調、か行は牙内音で双調という具合である。これに清濁の細かい区別や、四声から「上がる息」「下がる息」などという区別も説かれてじつに繁雑を極め、とても一筋縄で理解できるものではない。要するに、こうした説というのは、実際に可能な発音というよりも多分に思想的なものなのである。

これに続いて、『五韻次第』には堀河天皇の御宇、賀州温泉寺の明覚（一〇五六〜？）が呉国の僧にあって伝えたとする音の伝承が見える。脱落や本文の混乱もあるが、その述べるところを要約して整理すると次のようになる。

明覚と悉曇学の相承

明覚は、もとは比叡山延暦寺の住侶で、悉曇の師であった。加賀の温泉寺に止住したことで知られる学僧であった。呉国の僧にあって、山の獣や野鳥の声を聞いて五音を聞き知るのは、知音というのであると教わった。明覚は、如意輪観音の化身《けしん》で六根清浄《ろっこんしょうじょう》に叶い、三界《さんがい》（前世・現世・来世）六趣《りくしゅ》（六道。天人・人・修羅・餓鬼・畜生・地獄の六つの世界）のことは皆知っていた。また、花山法皇に上人が相奉り、御相承の訓点がある（以下、「分」

の読み方について呉音と漢音の区別を説くが略す)。南谷無動寺の相応和尚が不動明王から相承した点と同じであり、本の経は無動寺の経蔵にあるのである。

音楽と数

四声・八声・五音・調子・六内・呂律は前後同時である。妙音院左大臣殿(藤原師長)の「呂律図」もこれと同じである。以下、妙音院師長の説が引かれて、声が仏事と成ることは、五行・五音・五智の法音であるとしている。面白いのは、『大集経』を引いて、大声の者は大仏を見、小声の者は小仏を見ると述べている点である。八声は、八方の八仏の八音である、音と響きは理智の二法とされている。このように、数が数を呼んで理論づけられていくのである。数にもまた霊が宿っていたのではあるまいか。言葉は音から成り立ち、音は数によって表わされる。そのような思想の存在が浮かび上がってくる。これは、音楽が数理に通じていることと関係しているからであり、世界を示すその結びつきはたいへん興味深い。

明覚《めいかく》は、『反音作法《へんおんさほう》』(寛治七年〈一〇九三〉)をはじめ『悉曇要決』『梵語抄』など悉曇学の著作で知られ、陀羅尼について著作もある。日本の悉曇学の中興の祖と仰がれ、院政期の堀河朝(一〇八六～一一〇七)に活躍した。『読経口伝明鏡集』にもその説が引かれている。

さて、その相承伝承だが、明覚は呉国僧から直接音を学んだとする。次に、花山院（九六八～一〇〇八）が上人から相承したとあるが、その上人の名は記されてはいない。たぶんに伝説のなかで作り上げられた音の相承である。しかし、そのことによって、院政期に音の権威が花山院に求められたことは、書写山や熊野山など、観音信仰の山々に臨幸の伝承が伝えられていることからもわかる。最後は、比叡山の南谷無動寺の相応和尚が不動明王から相承し、その経蔵に収められているという。無動寺もまた法音の権威であったのである。

ところで『五韻次第』には、『管絃音義《かんげんおんぎ》』から甲乙《かんおつ》の二音が和することについての注記が書き加えられている。『五韻次第』が悉曇学の思想を基本に展開されてきたことを見たが、『教訓抄』に悉曇にかかわる古管絃者の言葉が記されている。それによれば、管絃者は耳が賢くなければならない。悉曇というものは、文章には記されていてもその結果である音は伝わっていない。それで今は絶えた。これに対して管絃は、物に合う合わないをいう人がある。だからそればかりは今に伝わっているのだ。悉曇学は、学問として知識に片寄り、表現としての音を失ったという。

読経が、悉曇学という言語の学問から森羅万象の音を捉え、音楽として再生するなかで、管絃と結びついていた。この書を書写した芝葛康が笛を家業とする楽人であったことを考えると、言語の表現と思想は音楽と密接に重なるのである。

読経音曲とは何か

読経と声明

文安本『読経口伝明鏡集』は鎌倉時代の読経の資料として貴重である。そこに述べられる読経は、広い意味では声明の一種である。岩原諦信氏によれば、声明には「読む声明」が存在し、伽陀《かだ》はその代表的な例である。妙音院師長は、箏・琵琶・神楽・声明・今様などに通じた院政期最大の音楽家である。その流の伽陀の口訣（秘伝）を伝える金沢文庫蔵『伽陀口決《かだくけつ》』（応安七年〔一三七四〕書写）は、「五音ノ正位」を心得るべきことや、「文字ノ声等」を存知すべきことを述べている。後半には「一半訓三同書秘事」として音訓を分けて、前半二句を音、後半二句を訓とするなどの例を説明する。つまり、声明には音訓を一曲のなかで使い分ける秘伝があって、こうしたことは、師匠から弟子に直接の指導によって伝えることがわかる。
一方、『読経口伝明鏡集』は読経の心得として、次の三点を掲げている。
一、字声を糺《ただ》すこと
二、清濁を分かつこと
三、音曲を習うべきこと
読経も音楽の知識と文字の声を知り区別することを重んじ、伽陀の心得と共通するが、同時に声技の伝授にも同じ方法があったと考えられる。

では、声明と読経は、どこで区別されたのであろうか。音芸「読経」を表わす言葉には、「読経音曲」がある。経典の一部を音楽的に読むもので、平安時代から僧俗で行なわれていた。現在「音曲」といえば、声明を指すと考えられている。たとえば、『音曲相承次第』に次のような声明と天台宗の継承者が伝えられている。また、これらには、それぞれの音が定められている。
①文殊讃《もんじゅさん》　②九条錫杖《しゃくじょう》　③始段唄《しだんばい》　④両界唄　⑤梵網経《ぼんもう》　⑥引声《いんぜい》
このうち、九条錫杖は『九条錫杖経』、梵網経は『梵網経』の部分読みである。六番目の引声は、『引声阿弥陀経』を指すと考えられる。所収の「唄《ばい》相承次第」は多分に伝承的な

もので、慈覚大師円仁から始まり、光明皇后や四条大納言藤原公任、和泉守盛時の名がある。「梵網経相承事」は、横川僧都《よかわそうず》源信がこの経を読んだと奥書に伝えられる。

ここで天台と真言の両宗の声明を比較してみよう。

1　天台宗　『魚山蠆芥集《ぎょざんたいがいしゅう》』（明応五年成立、永正十四年書写）

2　真言宗　『声明類聚』七、呂律（宮野宥智編、一九三〇年五月）

1　『魚山蠆芥集』	2　『声明類聚』
①勝鬘経文　如来唄	①如来唄　勝鬘経文
②涅槃経文　云何唄	②云何唄　涅槃経文
③沙弥経文　出家唄	③出家唄　沙弥経文
④金剛頂経文　散花	④散花　金剛頂経文
⑤金剛頂三摩地法文	⑤大日　金剛頂三摩地法文
⑥倶舎論文	⑥釈迦　倶舎論文
⑦薬師経文	⑦薬師　薬師経文
⑧浄土論文	⑧阿弥陀　浄土論文
⑨錫杖経文	⑨廻向句　法華経第三巻化城喩品文
⑩法華経	⑩梵音　八十華厳文

⑪理趣経	錫杖	錫杖経文
⑫文殊讃	九条錫杖	（『華厳経』より取意）
⑬最勝講		
⑭大般若（大般若経）		
⑮仁王経		
⑯法華経		
⑰盂蘭盆経		
⑱仏名		
⑲教化		

これを見ても明らかなように、音曲＝声明は経文から一節を取り出したり経意を取って一曲としたものである。本来の経典の読誦があって、より音楽的な声明に発展したといえる。ここに拍節を主とし、四声を基とした読誦から、曲としてメロディーを重んじ多くの装飾音をもつ技巧的な音声表現への流れがあったのである。

華厳流声明の流れ

『読経口伝明鏡集』にある「読経音曲」「法華音曲」は華厳《けごん》流声明の一つであり、甲乙《かんおつ》と呼ぶ高低の音を複数の読み手によって寄り合わせるものである。メロディーよりも「叩き」と呼ばれる拍節が生み出すリズミカルな読経であった。読経の表現にしばしば「打ち上げる」と見えることとも関わりがあると推測される。『義経記《ぎけいき》』に清水寺で弁慶と義経がこの読経をしたと見えるのは貴重な例である。読経音曲は、経典の一部を読む転読の声技として広く行なわれた。現在も東大寺修二月会《しゅにがつえ》で読誦され、法会や声明の研究の成果によってその次第を知ることができる。

南都から鶴林寺、書写山へ

天台宗の声明を集大成した叢書に魚山《ぎょざん》叢書がある。そのなかに、中世の博士譜である『法華《ほっけ》音曲《おんぎょく》独経《どつきょう》　幷《ならびに》　叩聞書《たたききがき》』と『法華《ほっけ》音曲《おんぎょく》叩聞書《たたききがき》』が収められる。これらは播磨国刀田山鶴林寺に伝わったものである。

鶴林寺の起こりは、かつて高句麗《こうくり》僧の恵便《えべん》が排仏派の物部守屋《もののべのもりや》に迫害されてこの地に隠れ住んだのを惜しんで聖徳太子が訪ねて四天王聖霊院を建立したことによる。後に、鳥羽院によって今の寺号に改められた。刀田山の名は、聖徳太子が日羅《にちら》を留めようとして念じたところ、原に刀の林が現われたとの伝承による。西国三十三ヵ所の一つに数えられ、聖《しょう》観音を祀る。鶴林寺の修二月会は法隆寺のものと近似した点が認められるとのことで、南都華厳宗の声明が中世の播磨国でも盛んであったのは、あるいはこの地の荘園が法隆寺に寄進されたことによろうか。

後にこの「法華音曲」の書も書写山で書写されている。室町時代の書写山の学僧である

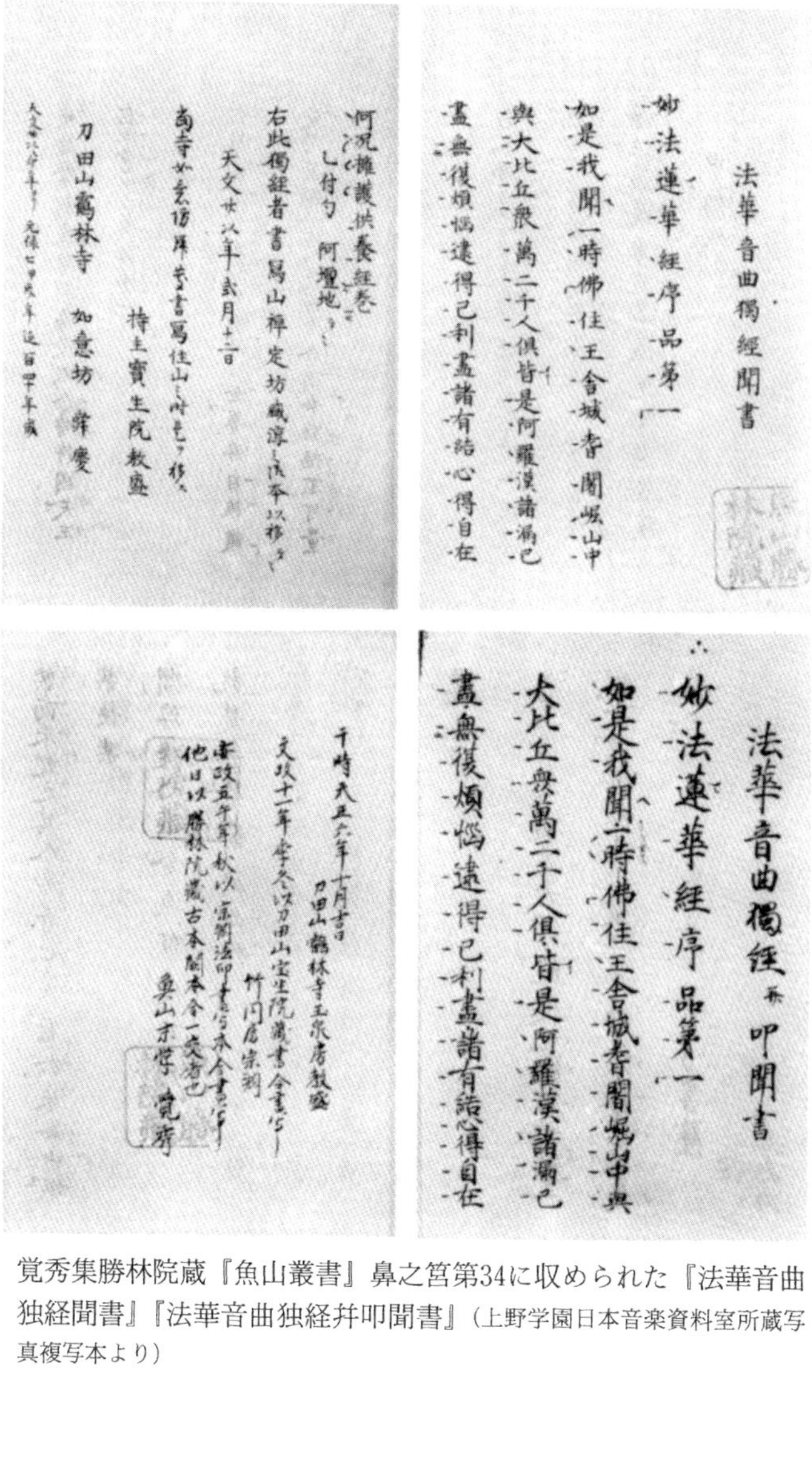

覚秀集勝林院蔵『魚山叢書』鼻之筥第34に収められた『法華音曲独経聞書』『法華音曲独経幷叩聞書』（上野学園日本音楽資料室所蔵写真複写本より）

鎮増の『鎮増私聞記《ちんぞうしもんき》』に、談義所《だんぎしょ》での読経が見える。講説という学問研究を行なう場で、読経（読経僧）が『法華音曲』を行なっている。ここにも、能読と能説の活動の一端がうかがえるのである。

読経と楽器

声明の相承は、楽器と音楽的に深い関係があった。『魚山蠆芥集《ぎょざんたいかいしゅう》』の「諸流声明調子譜ノ事」には、それぞれの声明の流派と楽器の譜の関係を図にして示している。『声明類聚』から説明を補い、その要点をまとめて示す。

1　横笛の譜

（和州成身院）中川寺宗観円明房大進上人の流

①進流
②醍醐流
③大原二流
　(1)来迎院　良忍上人建立
　(2)勝林院　寂深上人建立

2　琴の譜

①菩提院　行遍
②広沢相応院（二流）
③西方院　尊遍
④妙音院

声明は、天台宗は慈覚大師円仁を祖とし、真言宗は弘法大師空海を祖とする。横笛の譜を用いる進流と醍醐流は真言宗であるが、大原流から罫線が引かれており、天台宗声明の流れを汲んでいたことを示している。これに対して、琴の譜を用いる菩提院と西方院があり、妙音院は妙音院師長の流と思われる。広沢相応院は真言宗である。ただしこの流は、他の三流の琴の譜の説明から外されており、その理由は明らかでない。

中世末の『声決書《しょうけつしょ》』によれば、久安年中（一一四五～五〇）、仁和寺の大御室覚性法親王が諸寺の碩徳《せきとく》（学問に優れた僧）十五人を集めて、七十日をかけて声明の校合を行なったという。伝承では、音の流れのうえから天台宗の大原と真言宗の醍醐寺や大進上人の開いた進流は相互に交流を持っていたのである。

笛と慈覚大師円仁

笛については、すでに述べているように、慈覚大師円仁の説話がよく知られている。円仁が中国から『引声阿弥陀経』を伝えるのに、尺八を用いたことは、『古事談』巻第三や『真如堂縁起《しんにょどうえんぎ》』に見える。

慈覚大師は音声が不足しているので、尺八をもって『引声阿弥陀経』を伝えようとした。けれども「成就如是功徳荘厳」という所をうまく吹くことができなかった。常行堂の辰巳（東南）の松扉で吹き合わせていたところに、空中に音があって告げてこういった。「『ヤ』の音を加えよ」と。これより、「如是」のところに「ヤ」の音を加えるようになった。

ここでいう尺八は、古代尺八のことで、後の虚無僧《こむそう》の尺八とは異なる。正倉院御物にも納められている比較的小型の縦笛のことである。音の高さを整える律管として用いたのであろう。『引声阿弥陀経』のなかで四回繰り返される「如是功徳荘厳」の「如是」のところは本来「ジョシ」と読むべきはずなのだが、この句に限り「ジョシャ」と「ヤ」の音が加えられている。山口光圓氏は、この説話を示しつつ、叡山の版本にことさらこの「ヤ」を大きく強調していることを紹介している（「慈覚大師の浄土教と圓戒について」『慈覚大師研究』早稲田大学出版部、一九六四年四月、所収)。読経が尺八という笛によって中国から日本へ請来され、その音声の変化が音律と関係していたことを示唆している。そしてまた、空中の声という神秘が音の信仰として伝えられてきたことを知るのである。

中世の楽人大神基政《おおがもとまさ》の音楽の書に『龍鳴抄《りゆうめいしよう》』がある。そのなかに、法輪寺《ほうりんじ》の僧正が天王寺の別当であったとき、恒例の念仏会に、僧の声が七音にあわないことがあった。楽人たちは、奇怪なことだと定め合ったが、これは笛に合わないことをいったのだという。つまり、念仏の声も笛の七つの音階に合うことが重んじられている。

虚空蔵信仰と音

『懐竹抄《かいちくしよう》』には、六条入道蓮道(藤原基通)が、法輪寺の虚空蔵菩薩《こくぞうぼさつ》の御利生で管絃の名人であったことを述べられている。法輪寺の虚空蔵信仰が、『法華経』読誦の信仰と結びつくと同時に音楽の信仰にも結びついていた。『愚聞記《ぐもんき》』には、『十往生経』説として、虚空蔵菩薩が箏を弾くことが記されている。この法輪寺には、かつて道命が住持していたことがあり、虚空蔵求聞持法という密教の超常的な記憶術を体得する秘法と結んでいた。後に明星あるいは金玉が道命の口に飛び込み、鈴のような美声を得たというのは、真言声明の祖としても仰がれる空海が土佐の岩屋でこの求聞持法を修得し、明星を得たことと重なる。虚空蔵菩薩は大宇宙を体現した仏であり、その宇宙のエネルギーは明星に凝縮される。空海は音の始原を『声字実相義』に論じている。音とはエネルギーの波動であり、生命の脈動である。音芸の伝承にしばしばこの明星や星の化身が登場する。聖徳太子信仰、今様起源伝承、白楽天伝承と、この宇宙の力に対する信仰が結びついていたのである。

笛と琴

さて、笛の役割にもう一度立ち戻ろう。『大原声明博士図』に、「錫杖相《しゃくじょうそう》承《しょう》」として「唄相承次第《ばいそうしょうしだい》」ともかかわる系譜が見える。

日蔵上人―和泉守盛時―四条大納言公任―懐空小僧都―皮堂別当観勢供奉―良忍上人

とあって、「九条錫杖」が大原来迎院《らいごういん》を開いた良忍《りょうにん》(～一一三二)にいたるまでの系譜を伝えている。良忍は融通《ゆずう》念仏を興したことでも知られる。大山公淳氏は、その裏書きに和泉守盛時《いずみのかみもりとき》(伝未詳)が無音の人であったので、笛をもって曲をならったとあることを指摘している(『仏教音楽と声明』、東方出版、一九八九年十二月)。声明伝授においても、笛は重要な楽器であった。

琴については、藤原孝道の『知国秘抄』(安貞三年〔一二二九〕成立)に、昔は日本にもあったこと、四条大納言公任はこの琴を演奏したと記している。同『残夜抄』第十一、「楽のたがひめの事」によれば、平経正の姑で、能登尼という琴・琵琶の上手がいた。この尼は、『倶舎論《くしゃろん》』の頌《じゅ》（韻文）を稚児などが読むのを琴に引きなして素晴らしいこととしていたという。

『法華経』の魅力

音芸としての「読経」の種類は、経典の数だけ存在する。そのなかにあって能読の人々が読んだ経典は圧倒的に『法華経』である。牛場眞玄氏の研究（「山家版法華経の読誦法について」『天台学僧宗淵の研究』、百華苑、一九五八年五月、所収）によれば、『法華経』が広く信仰されたのには、第一に『法華経』が、四行（五行）、すなわち受持・読誦（読・誦）・解説・書写を勧め、その功徳を説いていること。第二に『法華経』の訳文の平易で流麗なこと。したがって、読誦しやすく書写しやすい。第三に『法華経』がドラマティックで深い感銘を与えることが考えられる。さらに『法華経』が読誦しやすい理由を分析し、次の三点を挙げる。まず第一に、本文（長行）の部は四言をもって節・章の綱格としていること。第二に、長行と偈頌《げじゅ》（韻文の詩句）とはほぼ等量であること。第三に長行は四六駢儷体《しろくべんれいたい》に近く一句内の調声も考慮されている。文芸のなかにこうした経文が含まれるときこそ、その言葉の響き、言葉のリズムを意識して文全体を捉える必要がある。

〈参考〉

○四声図

四声（去声《きょしょう》・入声《にっしょう》・平声《ひょうじょう》・上声《じょうしょう》）

このほか、漢字の四隅を中心にさまざまな符号をつけて、清濁を区別したり、送り仮名を示したりする。これを「ヲコト点」と呼んで、さまざまな流派があった。

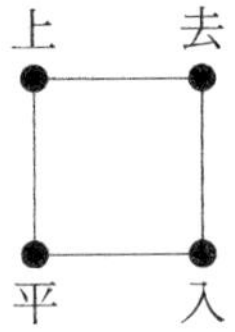

○九声図

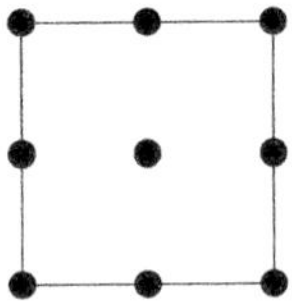

道命流読経関係資料

一、摂関家略系図

＊は能読の伝承と関連がある者

藤原中正女時姫＝藤原兼家＝藤原倫寧女

藤原中正女時姫・藤原兼家
- 道隆―隆家―経輔―増誉＊
  - 隆家―隆明＊
- 道隆―隆円＊
- 道長―頼通―師実―師通―忠実
  - 師通―頼長―師長＊

藤原兼家・藤原倫寧女
- 道綱―兼経―敦家―敦兼―季行―重季……慶忠＊
- 道綱―道命＊

二、『元亨釈書』巻第二十九、音芸志七　所載

音芸「読経」相承系譜　＊は前掲「摂関家略系図」に名がある者

1　道命＊―隆円＊―隆明＊―増誉＊―快実―明覚―慶忠―能顕―祐宗―信昌

2　道命＊―藤原公任―定頼

3　〔道命四世〕永覚―承保帝（白河）―寛治（堀河）―天仁（鳥羽）―保元（後白河）

4　藤原実定―公継

読経をめぐる人々

能読の僧たち

孔雀経法は、祈雨だけでなく出産・病・彗星（天変地異）にも大きな効力があった。そして修法を行なう大阿闍梨《あじゃり》にともなって修法を支える伴僧には読経《どきょう》の名人である能読《のうどく》たちが参仕した。後鳥羽院御読経衆の慶忠（一一三六〜一二二六）は『普通唱導集』でも「持経者」として賞賛される能読である。そこでこの慶忠に注目して『孔雀経』への信仰を見てみよう。

能読の慶忠

慶忠はたびたび、仁和寺の守覚法親王に従って孔雀経法の伴僧を務めている。二十人の伴僧に選ばれる能読たちの音の呪力は、強い信頼を得ていた。伴僧は不断読経を行なう。彼らは経典の転読を行なうのである。美声で強い拍節を刻む力を持つ読経僧でなければ、務められなかった。博士譜《はかせふ》のつけられた『孔雀経』も今日伝えられており、この修法をよくした仁和寺と読経僧の関係は深い。参考に慶忠の参仕した法会を、『孔雀経修法記』『観音院灌頂日記』（『続群書類従』所収）、『観音院結縁灌頂記』『北院御室御日次記』（『守覚法親王の儀礼世界』所収）ほかを参照して次に示そう。○印は『孔雀経』読誦を示す。

慶忠

嘉応二年（一一七〇）　舎利会請定僧　讃衆

治承二年（一一七八）十月二十五日　○中宮（平徳子）御産御祈（安徳天皇誕生）　伴僧

寿永元年（一一八二）十二月十五日　仁和寺観音院結縁灌頂　讃頭　法皇（後白河院）臨幸

同　二年（一一八三）二月九日　院御逆修　請僧

元暦二年（一一八五）八月十九日　○大地震御祈

建久三年（一一九二）一月十七日　○法皇（後白河院）御悩御祈

建久六年（一一九五）八月五日　○中宮御産御祈／十七日目辞退

承元元年（一二〇七）十月七日　宜秋門院御懺法結願

同　三年（一二〇九）十一月七日　殷富門院安井殿百日舎利講結願　後宴の管絃に読経

（十一月十五日）　仁和寺大聖院御講　笛尊観

嘉禄元年（一二二五）十月十日　嵯峨念仏房勧進阿弥陀堂供養

慶忠の出自

ところで、慶忠の出自は、『読経口伝明鏡集』によれば、楊梅重季の息男となるのだが、どうやらここに別の出自が考えられる。『教訓抄』巻第拾（岩波日本思想大系『古代中世芸術論』植木行宣 校註）によれば、承元三年（一二〇九）十一月七日に行なわれた、殷富門院《いんぷもんいん》の安井殿百日舎利講で、法会の後の管絃が行なわれた。殿上人に加えて、妙音院師長流の琵琶の名手である藤原孝道も参仕して盛大な催しであった。慶忠は、後白河院御読経衆の入道大納言藤原隆房の朗詠（曲目未詳）に続いて読経を行なっている。その後は、「竹林楽」と風俗が続くので、音芸としての読経であった。さて、このとき、楊梅重季と思われる名が見え篳篥《ひちりき》を務めている。だが、『教訓抄』の注に従えば、『尊卑分脈』に見える慶忠は次のようになっている。略して示す。

小野実頼流

公章―┬―尊観
　　　└―仁慶忠―仁能順

この仁和寺の慶忠が、能読の慶忠であることは、兄の尊観が、十一月十五日の仁和寺大聖院御講で笛を務めていることや、『尊卑分脈』に「歌人」と注記されていることからも間違いあるまい。『読経口伝明鏡集』の記述の誤りというよりも、猶子などの立場で楊梅重季と繋がっていたと考えたほうがよいのかもしれない。いずれにしても、慶忠の人脈と活動の場は、音楽や和歌と結びついていたのである。

慶忠は九条兼実にも寵愛されてたびたび、夜居を務めて『法華経』や『孔雀経』を読み、「優美」と賞賛されている（『玉葉』安元二年九月二十八日条・元暦元年十月十九日条・文治五年十月十三日条）。また、藤原定家とも和歌を通じて親交があった（『明月記』正治元年九月十七日条）。嘉禄二年六月十四日、定家は慶忠の死を知ると、「能読の逸物」と記して惜しんだ（同前）。享年九十歳であった。

替え読みの読経

慶忠のような能読たちと、大法を修する大寺院、宮中や院にかかわる人々が結びついて一つの文化圏が形作られていた。慶忠のようなトップクラスの読経僧になれば、そのレパートリーとする経典・経文・真言をよりどころとする九条兼実のような個人的な大貴族も少なくなかった。能読は貴族たちの夜居を務めて彼らを護持し、つれづれを慰める御伽《おとぎしゅう》衆の意味合いもあったに違いない。

ところで、『法華廿八品字読クセ』などに、慶忠にかかわる面白い話が伝わっている。後白河院が出家したてのころ、つれづれに能玄に『法華経』から「妙荘厳王品」を読ませたが、どうもうまくない。そこで、その師匠である慶忠が替わって次のように読んだ。すなわち「王出家後」を「王出家已後」と読み替えてのけたのである。経文の一字一句が信仰の対象として重要なはずなのに、このような場に応じての文言の改変を後白河院はおおいに喜んだというのである。

この話は『源平盛衰記』に取り入れられ、能玄のことはなくて楽人であった中原有安の手柄として経文数枚を打ち上げ打ち上げ読んだとなっている。つまるところ、当時の読経は音楽的な節付けとリズミカルな拍子で美声を響かせ、経文のありがたい言葉でさえ、臨機応変に読み変えるところに、音芸としての妙味があったらしいのだ。

『読経口伝明鏡集』によれば、後白河院は、悲しいことを思い浮かべて読経をすることを説いたという。また、それまでになかった「読経の譜」を作った。自らお経を読み、大原の実円上人に博士譜をとらせたのだとする。その譜は、御読経衆の徳大寺実定が書写し、また大宮伊通の孫の泰通も写したが、寺々に秘蔵されて世に流布しなかった。どうやら作為的な伝承ではあるが、後白河院が読経の権威であったことは間違いない。妙音院師長も源資賢もその御読経衆だという。にもかかわらず、このような読経の伝承が伝わるところに、後世、音芸としての読経の批判が生まれるのである。

『参語集』唄事によれば、ある所の法華懺法の梵唄《ぼんばい》に参仕した慶忠は、行道（経文を唱えながら本尊の周囲を巡る行法）の最中にもどうやらとんでもない悪ふざけをやっていたらしい。法印唄師の後ろについていたが、三遍すべきだという行道は、「（本来ならば）百千遍もすべきなのだろう」といいながら扇を出して、「早く巡れ」と唄師を突いたという。『参語集』は、仁和寺の行遍の言葉を集めたもので、この慶忠の伝承も仁和寺の周辺にあったものと考えられる。

歌人と能読

慶忠は歌人としても堪能《たんのう》であったという。事実、『新勅撰和歌集』に二首の詠歌が収められているが、そのうちの一首は、次のように『法華経』の心を詠んだものである（巻第十、釈教　六〇一番歌）。

　　法華経提婆品の心を

のりのため身をしたがへし山びとに　かへりてみちのしるべをぞする

『新勅撰和歌集』は『明月記』を残した藤原定家が編んだものであるが、その定家の兄弟の静快には能読の誉れがあり、その縁もあって慶忠・能玄とも親交があった。貴顕に出入りする彼らは、物語や和歌にも堪能であったが、時としては情報通としても用いられたと考えられる。『源氏物語』鈴虫巻にも見えるように、誰がいつどのような修法を行なわせたかは、時として重大な秘密を意味し、あるいは法会の参会者の情報は時代を切り抜けてゆくための手がかりとなるからである。

能読の能玄

次に慶忠の弟子である能玄を取り上げて、読経僧の活動を見てみたい。能玄は後鳥羽院政期の能読で、その美声で人々を魅了した。『尊卑分脈』村上源氏の系図のなかに次のように記されている。

源俊房──師頼──師能──通能──┬隆宗──**能玄**（山　能読　権少僧都）
　　　　　　　　　　　　　　　└円能

叔父の円能は能説として知られ、九条家とも縁が深い。能玄は、建久八年（一一九七）十一月十八日に行なわれた報恩舎利講の百日結願に参仕した六人の読経衆の一人である（『門葉記』勤記五）。

　此間読経衆六人（春寛、快智、静快、什玄、禅隆、**能玄**）

とある。この読経衆六人は『読経口伝明鏡集』に能読と記される、後白河院御読経衆──

春寛、禅隆、後鳥羽院御読経衆――静快、能玄の四人を含む最高のメンバーであった。建仁元年（一二〇一）四月一日、慈円が比叡山の中心諸堂舎を拝礼して巡る御拝堂に参仕した僧綱のなかにも能玄の名が見える（『門葉記』）。『読経口伝明鏡集』には「後鳥羽院御時、十二人を以て仙洞に不断御読経有り。其人衆」と述べられており、これは、かつて十二律になぞらえて十二人の内供奉僧を選んで天皇を護持したことを、仙洞御所に写したものと考えられる。そのなかにも「山能源」とあり、その高い評価がうかがえる。

好色の聞え

ところがこの能玄について、藤原定家は日記である『明月記』に次のような興味深い話を記している。建保元年（一二一三）八月二十七日条によれば、今朝、御読経衆である律師能玄が追却されたという、「好色の聞え」があったと取り沙汰されていたのである。『枕草子』や『宇治拾遺物語』の道命説話を思い起こしても、美声の僧が女性の心をつかんだこと、それがしばしばスキャンダルとなったことがうかがえる。

ところでこの後鳥羽朝の大事件に、念仏宗禁止がある。承元元年（一二〇七）二月、興福寺の訴えを取り上げた後鳥羽院は、専修念仏を禁止し、法然（源空）を土佐、親鸞を越後に流したのをはじめ一門を配流した。これが承元の法難である。鎌倉新仏教にとって重大な事件であった。

この法難の直接の原因は、法然の弟子であった安楽と住蓮という美声の僧に傾倒した後鳥羽院の女房たちが、院の熊野御幸の間に宮中を抜け出して彼らの主催する別時念仏に参加したことに端を発するとされる。伝承では松虫と鈴虫という美女で、僧の美声に惑わされて出家に走り、後でこのことを知った後鳥羽院の逆鱗にふれたという。安楽と住蓮のほかに二名の僧が死罪となった。彼らは東山の鹿ヶ谷で六時礼讃を唱和して信者を集めたというが、五来重氏は、念仏は歌声運動であったという。

能声の念仏

虎関師錬の『元亨釈書』の音芸志、「念仏」の項によれば、念仏者は琵琶法師や遊女と交わる者であった。彼らは和歌や読経——読む歌謡——と物語を芸とする人々であった。念仏という美声の、そして踊る宗教は声技を介して信仰を広め、芸能は信仰の場を日々の糧をしのぐ頼りとしていたのである。彼ら念仏の名人は能声と呼ばれた。これは親鸞の浄土真宗にも受け継がれ、真宗を興したころ、迦陵頻伽《かりようびんが》（極楽を舞う美しい声の鳥）のような能声を選んで万人の聞くことをよろこばしめ随喜せしめたと伝えられている。しかしその一方では美声に取り付く魔があった。悪事をする者こそ救われる。悪人正機説を逆手にとった思想は、異端信仰として歴史のかなたに埋められたが、念仏に限らず、音芸として虎関師錬に批判的に取り上げられた声明・唱導・読経・念仏は常に快楽との境界にあった。なお、親鸞の言葉を弟子唯円が『歎異抄』に書き留めたのは、異端を戒めるためであったが、その末尾に承元の法難の配流者の記録がある。注目されるのは、流罪者の内から幸西・証空の二名を慈円が申し預かったという点で、これについては後で述べる。

能玄と聖覚

さて、『明月記』によってその後の能玄を追ってみよう。嘉禄元年（一二二五）十月十日条に再び能玄が見える。定家は嵯峨に向い、聖法印の説法と慶忠、能玄以下の読誦を聴聞している。聖法印とは安居院流唱導の祖である澄憲の息男で父と同様に能説の名が高かった聖覚である。その説法の場に、能読の僧が参仕し、記録に値する存在となっていた。宮中を追われて十二年後のことである。

さらに、翌日の十月十一日条には、その聖覚の説法が『法華経』信解品の事であり、能玄が説法の後に読経を行なったとある。つまり、音芸としての唱導と読経が『法華経』の法音として人々の信仰を集めていた。嵯峨がどこを指すか具体的に記されていないのが惜しまれるが、定家のような一流の歌人が、そこで音に加わる場があったのだろうか。

法華懺法講

嘉禄二年（一二二六）三月十八日条には、定家の女房が夜深く聖法印七ケ日説法から帰宅したことが見え、このときも道観、能玄と三人が懺法を行なったとあることから、聖覚も含めて道観、能玄の三人で法華懺法講を行なったものと考えられる。講式は、音楽的要素のたいへん強い法会である。同八月二十九日条には静快法印が日ごろ在った北山からやって来て、北山で彼岸の懺法が行なわれることを話している。供僧三人のほかに聖覚と能玄が参仕するという。静快は定家の弟で能読の誉れが高く、北山西園寺に招かれて読経することが多かったものと推測される。もちろん話題となった西園寺の彼岸の法会も法華懺法講にも加わったはずである。西園寺の法華懺法講は翌年の安貞元年（一二二七）三月二日条にも見え、「西園寺懺法、聖覚、慈賢、隆誉、能玄、有杲、聖覚、能玄のほか三人は供僧云々」と述べられている。貴族の営む有力寺院に供僧があって、大きな法会ごとに有名な音芸僧を招いて盛大な聴衆を集めていたのであった。

能読と能説の世界

安居院の聖覚

唱導といえば、安居院流である。澄憲《ちょうけん》の出現で隆盛を極め、その息男の聖覚《せいかく》に継承された。安居院四世の聖覚（一一六七～一二三五）は、『尊卑分脈』藤原貞嗣流に「天下大導師名人也、能説名才、安居院三会、法印権大僧都」とあり、父と同様に「能説」と評価されている。『尊卑分脈』では父澄憲・聖覚二代に「能説」とあり、学僧であり験者であり、表現者であったこの一流の基礎をきずいたのである。

通憲（信西）――澄憲（能説）――聖覚（能説）――隆承――憲実――憲基

さらに『明義《みょうぎ》進行《しんこう》集』（信端著）には、「上人ツネニノタマヒケルハ吾ガ後ニ念仏往生ノ義スグニイハムズル人ハ聖覚ト隆寛トナリト」とあって念仏でも名高い。法然の三回忌には真如《しんによ》堂で追善供養のために七日間の融通念仏を行ない説法した。親鸞《しんらん》も、聖覚の著わした『唯信抄』（承久三年（一二二一）成立）を愛読したことが知られている。

ただし、聖覚と念仏宗との関係には論議がある。平雅行氏は、念仏宗に対する厳しい弾圧が行なわれた嘉禄三年（一二二七）六月のいわゆる「嘉禄の法難」の際には、聖覚が専修念仏を離れていた可能性を指摘する（『日本中世の社会と仏教』、塙書房、一九九二年十一月）。たとえこうしたことが事実であっても、念仏と安居院流の唱導が近かったことは認められよう。『元亨釈書』の「唱導」の項には、聖覚が父の澄憲を継承したことに対して「家業」という語を用いている。家業の継承は虎関師錬の立場からは闔房を緩くした結果であり批判の的である。

大懺法院と専門僧たち

念仏もまた声の力であった。九条家出身の僧慈円は、先の承元の法難に際して幸西・善恵の二名を保護したことは前に述べたが、それは当時の仏教興隆、鎮魂供養の施策の延長にあったのである。建永元年（一二〇六）、慈円は、保元の乱以降の怨霊鎮魂のために大懺法院《だいせんぼういん》を建立して声の力を求めた。建立の趣意を述べた『大懺法院条々起請事』「供僧器量事」には、「末代近古に用いる僧徒には四種が有る。一は顕宗、二は密宗、三は験者、四は経師である。（中略）験者は密に属し、説法は顕に属す」とある。

ここでは説経師が験者と並べられ、顕教と密教という教学の枠組みのなかで評価されていたことを示そう。実際、大懺法院の供僧には、安居院の聖覚のほか、『読経口伝明鏡集』に後白河院時代の四天王の一人に挙げられた禅隆、平家一門の忠快や前述の法然門下の隆寛がいる。鎮魂供養、説法解説に声技の専門僧の存在がなければならなかったのである。後白河院が苦悩したように、保元、平治、治承・寿永、承久と日本の国家体制をめぐる激しい内乱が打ち続き、民心を治め、国の安泰を図るための、強い声技によって再生される音の力が求められたのである。

その根底は、一人の祈りが大勢を救済するという融通念仏・融通読経の音の思想が支えていた。言い換えるなら、多くの衆生にわかる形、参加できる形から万民に仏の力を弘めるのが念仏や読経であり、唱導であった。大懺法院を建立した慈円は、数々教学の書を残したが、同時に大原流の声明を継承し、歌集『拾玉集』も残している。大懺法院の供僧たちの人選には、慈円の法音に対する思想そのものが示されているのである。

さらに同書の「桜下門跡荘園等」には、聖覚が桜下門跡を継承し、伊豆山・箱根山他を知行したことが記されている。この地もまた活発な布教活動が行なわれており、東国の読経の一大拠点でもあった。鎌倉時代、源頼朝の挙兵に重要な役目を果たし、その御台所であった北条政子も箱根山の法音尼を経師として祈願していた。京と東国を結んで読経や唱導の活動が活発に展開されていたのである。鎌倉幕府という新体制を誕生させ、その立上げにもこうした両者の活動の場があったということに注目したい。

読経と唱導

読経・唱導という音芸にあっては、仏教の戒律を超え、出家でありながら「家」を形成し、芸能僧とはそうしたものであると社会が認めていたらしい。『元亨釈書』のいう「音芸」それぞれが、単に活動の場を共通するのみならず、社会的位置づけでも深い共通性を持っていたといえよう。澄憲・聖覚の二代の後も、読経と説経（唱導）の交流を認めることができる。比叡山延暦寺の記録である『叡岳要記《えいがくようき》』下から抜き出してみよう。□は唱導、○は読経の系譜に見える人々である。

第一は、亀山天皇朝の弘長元年（一二六一）六月十日から行なわれた十種供養（音楽とともに花や香など一〇種類の捧げ物をする法会）である。法会の御導師は、安居院の聖憲法印であった。十二日に、横川如法堂に御奉した。横川長吏の法印智円が登山し、八名の僧が読経に参仕した。

御経衆八口

公豪前大僧正　　俊豪法印
実信法印　　◯信昌少僧都
□聖憲法印　　宗澄大僧都
◯祐宗（御読経衆）　　□憲実已講

次は、文永四年（一二六七）四月二十三日に、上皇が亀山殿において如法経（第三度）（供養）を始められたときの記録である。大宮女院も同じく御勤行された。御同行は皇后宮大夫師継卿、大納言二位局（今出川故禅門息女）であった。

前大僧正公豪（御先達）　　俊豪法印
実信法印（三井）　　宗澄法印
◯祐宗大僧都　　□憲実大僧都
◯信昌少僧都　　親守少僧都

三番目は、同じ文永四年の五月二十三日に行なわれた十種供養である。御導師は、最初の弘長元年と同じ安居院の聖憲法印であった。このとき、女院の『法華経』寿量品の供養が行なわれた。

鎌倉時代の三つの法会は、いずれも『法華経』の供養に関して行なわれている。弘長元年の法会に参仕している祐宗は、『元亨釈書』の「経師」にあるように、道命流の九世で当時名声を得ていた。このとき、祐宗は、俊豪法印とともに文治年間の後白河院の如法経供養にならって「方便品」を転読しているが、その参仕の記録は『読経口伝明鏡集』にも記されている。当時、後白河院の行なった法会が御手本となって行なわれていたことがわかる。

能読の祐宗

『伝法灌頂日記《でんぽうかんじょうにっき》』下に、後嵯峨朝の寛元元年（一二四三）四月二十一日には、祐宗阿闍梨が讃頭を勤めたことが見え、祐宗は声明においても優れていたことがうかがわれる。後嵯峨院に寵愛され、その死後も亀山院に重んじられ、永仁元年の亀山院御所の如法経供養では、「能読の説」を院に授けたらしい（『実躬卿記《さねみきょうき》』永仁元年〔一二九三〕八月十五日条）。

能読と能説

読経僧と説教僧の関係は深い。この時代、たびたび導師を務めた聖憲（～一二六八）は安居院九世、憲実（一二三六～一二八九）が安居院十世にあたる。有栖川《ありすがわ》殿行幸を受けて行なわれた法華懺法では、祐宗は、忠源や安居院の憲基（憲実の子）らとともに参仕して、読経を行なっている（『実躬卿記』正応五年〔一二九二〕二月十六日条、永仁三年〔一二九五〕二月十一日条）。この憲基も当時の能説のうえに当道譜代と評価を受けていた（『実躬卿記』永仁三年二月二日条）。これに対して、信昌は『元亨釈書』に、道命流十世として祐宗と並ぶ名人と述べられている。読経の九世と十世が、安居院流唱導の九世以降、代々ともに御経衆を勤めている点に二つの音芸のきわめて親密な関係を見るのである。

音芸の家の意味

注意しなければならないのは、これが両者の芸能の格や評価の一致を意味していない点である。読経と唱導は、社会的評価のうえで決して対等ではなかった。

僧が家を形成し業を継承していくことは、中世の天台教学史の一側面としてすでに硲《はざま》慈弘氏が明らかにしている。硲氏の調査によれば、青蓮《しょうれん》院蔵『顕宗家々応公請門《けんしゅうのいえいえくしょうにおうずるもん》流《りゅう》』には、公請（天皇のお召し）に預かる十門流が記され、その一つに安居院が挙げられているとのことである。これに対して読経の家は見当たらないのである。読経と唱導という二つの声技は、世俗とのかかわりも、芸能の専門性も異なるのである。しかし音芸とされる場合には、声技の器量の問題がある。声楽家の養成は三代を要するとは、現代でも言われることである。法音の器の相承が、実子や親族による血統に支えられていたことは看過せない。それを虎関師錬が批判したのは、相承が模倣に堕し真の学問もないままに世俗化したことによる。

音芸「読経」の場合、道命流を喧伝したと推測される当時の信昌の一流の在り方が問われたのであり、諸流を尊重した良能・能誉の開明性とは異なるといえよう。

西園寺と音楽信仰

安居院《あぐい》流唱導僧と読経僧は連携して活動していたことが明らかとなったが、それではその連携の根源はどこにあったのだろうか。『明月記』の寛喜元年（一二二九）十一月二十二日条に、大原の小僧で能玄僧都の弟子が来談したことが見え、能玄の晩年の拠点は大原であったと考えられる。大原は三千院や来迎院など声明の聖地として知られ、周辺には浄蓮華院など由緒ある寺々が集まっていた。そのなかに、安居院も能玄の一流もあって盛んな活動をしていたである。とすれば、叡山―大原―北山西園寺―仁和寺が読経と唱導、和歌、文芸とで結ばれるのである。

なかでこの西園寺は妙音院師長の妙音堂を移し、そこでの妙音講や五大力堂での法会が行なわれていた。『読経口伝明鏡集』のなかにも師長の音楽の説を収めていることを考えても声技の僧たちにとって大切な信仰の場であった。加えてここを営む西園寺家は桂流と西流の琵琶を統合して伝承し、琵琶の家として中世その地位を確立している。さらに京極派和歌を考えるうえでも重要であった。こうした状況を考えあわせるとき、西園寺は音楽供養の場として大きな意味を持ち、音楽にかかわる人々の重要な活動の拠点の一つであったといえよう。

供僧と持経者

こうした中央の場に対して、各地の有力寺院もまた、読経僧の活躍の場であった。たとえば、熊野は特別な呪法的な読経が行なわれていたことはすでに指摘されている。しかし、本来は、法華経長講八講の場であって、名僧が招かれて参仕していた。その熊野の供僧に能読たちが参仕していた。『明月記』建保元年（一二一三）九月二日条によれば、能玄は、静快と熊野の供僧を交代している。静快は藤原定家の兄弟の能読で、彼らの活動範囲は相当に広い。その活動は、院政期の西国三十三ヵ所のような観音信仰の展開とも重なっている。すなわち観音の霊場を巡る持経者たちと、専門僧の活動がつながるのである。そこには、仏教の教えや「読み」の学問と技術、そしてさまざまな説話や物語が行き交い、中世の豊穣な世界が展開したと考えられる。

読経の波動

芸能が宗派をも超越する点は読経、声明、唱導、念仏にもいえる。『読経口伝明鏡集』を撰述した能誉は、比叡山の僧であった先師良能を慕って、南都北嶺の僧俗が教えを請うたことを記している。能誉自身も山・寺・東・仁の師匠九人から読経を相承したと述べ、『読経口伝明鏡集』が醍醐寺で書写されていることとでも明らかである。

稚児から能読へ

さて、『読経口伝明鏡集』所載の「諸流相承次第」にはこれらの師について載せるが、その経歴が知れる者に三井寺の承意がいる。慶忠の弟子で元の名を染王といい、三井寺の四一世長吏の行意（一一七六〜一二一七。松殿基房の息男）に寵愛された「天下第一白拍子児」であった。

当時の寺院では、読経をし、今様を歌い、舞い、音楽を奏でる美麗な稚児たちで華やいでいた。たとえば、仁和寺の守覚法親王にも寵愛した稚児があった。『守覚法親王集』には、愛する稚児を失ったときの和歌が収められている。幼い時から寵愛してきたその稚児は、長い病気の末この世を去った。在りしときに書いたものなどそこはかとなく形見にと思って取り寄せて見ると、横笛の譜、「神楽」「催馬楽」「風俗」の譜などや、「声明」の法則などいたらないところなどまったくない様子で、この音楽の道に優れていたことなどがいっそう心に迫り、守覚法親王は強い愛惜の念を禁じ得ないのであった（『守覚法親王集』一三六～一三八番歌）。

彼らは、しばしば大人の愛の対象にもなった。けれども、おそらく芸能の稚児の美も四、五年にすぎまい。変声期を迎えその時期を超えるとき、声技で身が立つ者は少ないことと思われる。彼らは成長すれば寺院を去り俗人となるか、出家剃髪して修行を続けるかに分かれる。有力者の後援を得ることのできた染王こと承意は幸せな例に違いない。このように、音芸としての読経は多様な人々を取り込んで音楽、芸能、信仰の交点として、さらには外の世界とを繋ぎ豊潤な世界を生み出したのである。

歌うたいと源頼政

顕教の験者としての読経僧が、芸能者と接近してくるところに、院政期の歌謡の隆盛とあいまっておおいに流行したものらしい。『梁塵秘抄』四四三番歌にものなかに水辺の遊女や持経者などの経読みたちが登場する。

聞くにおかしき経読みは、同学高砂の明泉房
江口の縁にたのやけの君、淀には大君次郎君

武将である源頼政の『頼政集』六五三～六五六番歌にも、経読みが登場する歌の贈答が収められている。すなわち頼政と伊賀入道とは歌の贈答したが、次のような詞書《ことばがき》が見える。

ことぢという歌うたいが念仏所で夜もすがら歌をうたって、きりじ（霧路）という朝、経読みなどをした。これを伊賀入道が聞いて、興趣を出され「我門」という催馬楽を歌って忘れがたく思われた事を「門迎ひ」と詠まれたのを思い出したのだろうか。上洛した後、入道から歌を三首詠んで送ってきた。

舞台は、天王寺である。天王寺といえばその西門が極楽の東門に通じているとの信仰があり、念仏や「短声阿弥陀経」の道場があったことが知られている。この「ことぢ」（琴柱）は、歌謡を専門とした遊女であろう。念仏をするために天王寺の念仏所にあったが、

彼女は夜中歌をうたい続け、秋霧の朝、読経を行なった。これを聞いた伊賀入道は本名を藤原為業《ためなり》といい、「大原の三寂《さんじやく》」として知られる三兄弟の一人で寂念と称した遁世者であった。

催馬楽「我門」

入道が天王寺の西門の信仰から歌謡を通して連想の広がるままに歌った催馬楽「我門《わがかど》」は、次のようなものである。

「我門」〈拍子二十一／三段〉（小学館日本古典文学全集より）

我が門に　我が門に　上裳《うわも》の裾《すそ》濡れ　下裳《したも》の裾濡れ
朝菜摘み　夕菜摘み　朝菜摘み　朝菜摘み　夕菜摘み
我が名を　知らまくほしからは　御園生《みそのう》の　御園生の
御園生の　御園生の　菖蒲《あやめ》の郡《こおり》の
大領《だいりよう》の　愛娘《まなむすめ》と言へ
弟娘《おとむすめ》と言へ

〔男〕私の家の門のあたりで、上着の裾を露に濡らし、スカートの裾を露に濡らし、
朝の若菜摘みし、夕べの若菜摘みをする（娘さん）
〔女〕私の名をお知りになりたいのなら、園生の菖蒲郡《あやめのこおり》の長官の最愛の娘、末娘

とおっしゃって

『万葉集』の世界にも通ずる男女の呼びかけの歌、素朴な恋の始まりの歌である。そこから恋の芽生えの場である「我が門」を言挙げし、すなわちその家や一門の繁栄を言祝《ことほ》ぐ歌謡として広く愛唱されていたと考えられる。ここでは、伊賀入道寂念は天王寺から上洛するとき、この歌謡を、来訪者を迎える儀式である「門迎え」に引きかけて和歌に詠んだのを思い出したのであろう。

頼政の返歌

入道が船に乗り込んだ渡辺の津は頼政の所領であり、当時、頼政もやはり天王寺に詣でていた。この後、先に帰京した入道から三首の縁語や掛詞《かけことば》をふんだんに用いた和歌が贈られた。

行きやすくつとめてゐたる極楽のかどむかひこそ思ひでらるれ
思ひやれ秋のきりじの法のこゑ立ゐにつけてわすれやはする
すみのぼるよるのことぢは松風を聞く心ちしてみにぞしみし

それに対して頼政は次の返歌をしている。

返歌三首を一首に書きて

琴の音もきりじか法もたちききし我がことをさへ我ぞ忘れぬ

天王寺信仰―（往生）―極楽浄土の門―阿弥陀仏のお迎え―門迎え―（祝福）の連想が働いて、念仏と芸能者、歌謡と読経、歌謡（催馬楽《さいばら》）から和歌へと浄土信仰を基とした音の世界が次々と展開され、伝承されていったのである。さらに遊女琴柱（ことぢ）―霧路（きりじ）―（秋―霧立ち上る）―（琴に松風）と言葉の連想や、伝統の言葉の組み合わせが和歌を組み立てている。しかし、甲（ことぢ）の読経から、乙（伊賀入道寂念）の読経への感慨と歌謡・和歌への表現の発露、乙から丙（源頼政）への文字表現を介した伝達、丙の内部での信仰と経験にもとづく重層的な音声の解析と再構成、丙から乙への感動のフィードバックと、共有される世界の確信。言葉の集成が人の心を動かし、人から人へと伝わるためにはその根底に脈打つ拍節、リズム、縒《よ》り合わされる声など、それぞれの「音」があり、音に応じた表現の転換に個の感性を認めること。それを経文の生んだ波動と呼んでみたい。

頼政と念仏

治承四年（一一八〇）五月、七十六歳の頼政は以仁王の挙兵に参加して敗北、宇治平等院で自害して果てる。『平家物語』は、その最期の様を高声念仏して、辞世の和歌一首を残したと伝える。

埋木《うもれぎ》の花咲く事もなかりしに身のなるはてぞかなしかりける

（『平家物語』巻第四、「宮御最期」）

頼政の生涯と信仰は、念仏と和歌によって極楽往生に繋がっていた。物語は、唱えられるべき遍《あまね》き信仰の音と、「哀れ」を発信せざるを得ない個人の内面の音を重ね合わせ、その最期を断つ者に渡辺長七唱《となう》を配した。それは、頼政に集約されるこの事変の死者たちの物語の再生のために必要な措置であった。物語もまた波動の上に生まれ新たな波動を生み出して生き続ける。

むすび

音のゆくえ

遠くインドから伝わった仏教は、音《こえ》によって伝えられ表現されてきた。神秘の教えへの憧れは、自分も仏の言葉を読んでみたい、唱えてみたいという願いとなった。あの端正で美声の僧の荘厳な世界に憧れがあった。鮮やかにくるくると早く読めれば、経典ごとに説かれる受持・読誦の務めが果たせるのだ。読経や念仏の数を重ねれば功徳を積むと信じて、僧も俗も読経の技量と数量を競った。

僧俗の音の響き合いは、日本のすべての音に大きな影響を与えた。音韻の学問を通じて、また笛や琴の楽器などや舞楽の相承を通じて、神楽《かぐら》・催馬楽《さいばら》・朗詠《ろうえい》・和歌披講《わかひこう》・今様《いまよう》などの音芸と、声明、なかでも読経はもっとも近い関係にあった。特に文字から呼び起こす音の意味を考えるとき、音声表現としての漢詩や和歌のあり方や意義を問うために、読経への視野は欠かせない。さらに、韻文と散文の違いはなにか。言語とは何か、文字と音声の信仰に生きた人々を理解するうえで、読経僧たちの、能読《のうどく》という主張に耳を傾けなければならない。彼らは、音の意味をひたすら求めたのだ。

「学問」の迷路

「正しく読む」とは何か。それぞれの音にはどのような意味があるのか。悉曇《しったん》学の学僧によって、経典ごとに音義書が作られ、五音と呼ばれる五十音図が生み出され、日本語の基本的な仮名文字と無常観を融合させて「いろは歌」が作られた。呉音と漢音の区別に細心の注意を払い、四声、清濁、声明としての拍節、すべてに学問があった。

やがて、それらはしだいに細分化され、宗教的解釈の極限への追求に向かった。これを受けた読経僧のなかには、小異を言挙げして大事と言い立て、自分こそ秘伝を知る、自分たちの流派こそ正しいと主張する者たちが現われ、本来の仏の心とはかけ離れ、いくたの苦難を超えて教えを伝えた人々には及びもつかない姿に変容していった。

民の音、民の願い

藤原道長・頼通父子、上東門院が極めた栄華の世界はその典型である。形の信仰が頂点に達し、貴族社会の少数の自己満足とそれを支える大多数の疲弊がもうこれ以上耐えられなくなったころ、それまでの「上の世界」を形作っていた人々とは対極にあった、熱い信仰が沸き上がってくる。

——ただ信ぜよ。

専修念仏の時代が来ていたのだ。真実の信仰とは何か。すべてを削ぎ落とせ。肉体と精神をシンプルに、より直感的に、すべての人々を受け入れる信仰をこそ。

さて、じつのところ、音芸「読経」の名人たちはどうなったのだろうか。院政期に入り、音芸僧の活動が記録に見えるようになると、一部でその技量が芸能化し、スターの様相が目立ち始める。読経や唱導（説教）の鮮やかさに加えて、経文を即興的に改変して楽しむことすら行なわれた。これも経典の一字一句を重んじる立場からいえば、当然批判の対象となった。法会の後の宴では、音曲を楽しみ、和歌や漢詩を作り華やかさが先にたった。彼らには、寺院や宗派の境界はない。都から地方へ、音の流れが生まれた。

日本語の音声の変化

さらに、鎌倉時代に入り、日本語の音声は変化しはじめた。特に南北朝を境として大きく変化したという。たとえば、オの発音で開音と合音の区別がなくなり、かつて九種類あった動詞の活用がしだいに数を減らし、近世に近づいていったことなどである。ただし、これは狂言や歌謡、キリシタン資料など、室町時代の音声資料が格段に豊かだという点を考慮しなくてはならない。しかし、一般に日本人の音声を聞き分けたり、発音を区別する能力は狭まったといえよう。

もう一つ明らかなのは、日本人のテンポの変化が起こり、すべてがスローダウンしたことである。古代日本の音楽史上最大の音楽家の一人は妙音院師長であるが、その愛弟子に藤原孝道（一一六六〜一二三七）という楽人がいた。孝道は、子孫のために音楽の教えを書き残したが、その一つに『新夜鶴抄《しんやかくしょう》』（一二二八年成立）がある。

ただ欲が足り、時が移れば、人の振舞、装束、烏帽子際、眉を作り、紅をつけ、立ち居、歩みよう、物言い、気配、食い物に至るまで、何か昔に変わらないものがあろうか。皆これら心に従う業《わざ》なれば、吹き、引き、歌い、経を読み、阿弥陀仏を申す声までも、いたく変わるのだろう（中略）

世の末は、人の心は急にこそなるのに、只拍子《ただびょうし》、朗詠、催馬楽、神楽、風俗《ふぞく》、及び雑芸、高声念仏までもやたらと延び延びになってゆく。

承久の乱（一二二一年）の七年後の後堀河朝のころには、人の内面とその表現の在り方に大きな「ずれ」が生じていたのだ。

音芸の交代

表の世界の音声は、あるいは荘重さや風格、あるいは優雅さや洗練を求め、この流れに遅れた音芸は衰退していった。その理由の一つは、保元、平治、治承・寿永、承久の大きな四つの動乱の時代を経て、音楽の継承に揺らぎがあったと推測される。個人と家のアイデンティティーへの危機意識があった。音を整えれば、帝と国家を鎮護することができるはずではなかったのか。内乱後の文化の再構築は、古い価値の振るい落としとして働く。芸能の家ほど、生き残りは切実だったろう。自分の持つものに何を付加するのか、それが問われた。

二つ目の理由は、京都を中心として寺社のネットワークで保持されていた中央の音が、鎌倉にもたらされたことである。その過程で、武士の音——坂東の音を無視できなくなったことが推測される。音声の変化だけでなく、音の価値観そのものにも大きな変化があったに違いない。

三つ目は、世の中の安定につれて、格式化の時代が来ていたことである。伝統的な曲目は絞られ、有職《ゆうそく》故実《こじつ》を重んじることで権威が保たれるのはどの世界でも同じであろう。その一方で、より人の心を捉える芸能の出現が待たれていた。リアリティーの強い、現実を乗り越える力となるべきもの、それが語り物の時代の幕開けだった。

さて、読経僧は密教の世界に所属していたが、動乱を経て、密教のなかに変容が起こっていた。人間の願望が技術の範囲を追い越しだしたとき、言葉の呪力に加えられる何かを求めて、その変容は始まっていたのだ。つまり、観想し、思念によって得られるはずのものに、実体を求めることであったと思う。それは、より強いパワーを求めて、秘密、深秘、秘伝と称されるものが生まれ、偽経すら堂々と通用する世界である。その一端は邪義や邪教として退けられるが、実際のところではどうだったのだろうか。

読経僧の変容

美声で美男の僧たちの魅力が、個人的ロマンスを生んだことは否定しない。阿闍梨と好女《こうじょ》（美女）が結びついて、子が生まれ、業を継承し家を成す。読経や唱導がたどった道筋である。ここに、音の学問が入り込んだ秘伝の世界が重ねられたとすれば、表層の行者が俳優《わざおぎ》と批判されるにいたった原因がそこにあった。

中世の密教の秘伝のなかに、如意輪《にょいりん》観音を念じる求聞持法《ぐもんじ》（如意輪求聞持法）があり、如意輪観音を玉女《ぎょくじょ》と観想すべきことが述べられている。如意輪観音は『法華経』を信奉する人々によって、聖徳太子の本地と理解されていた。

書写山流の性空上人が如意輪観音信仰と結びついていたことは、よく知られている。読経と如意輪観音の信仰が、玉女とつながるのである。すなわち、玉女と交わることは、法音の奥義を体得することであった。玉女は、仏教の精髄を意味する如意宝珠が、女性の形をとって示現したものと考えてよいだろう。この玉女との交わりを観想して行者の六根《ろっこん》（六つの感覚器官）のすべてと感応させて奥義を感得するのが本義である。

ところが、この玉女は権化（仮の姿）としてこの世に姿を現わし、行者と交わることで極楽に導くとする解釈が現われた。これは、清浄を説いた仏の戒律に明らかに背く邪義である。だが、男にとっても女にとってもなんと心地よく都合のよい教えであろうか。陀枳《ダキ》尼《ニ》や羅刹《ラセツ》と呼ばれる女性の形をした魔物すらも、奥義に導く仏の仮の姿と説かれた。

遊女や芸能の女はしばしば「仏」「千手」「観音」などを名乗り、神仏を歌っている。神仏に仕える女が、信仰の導き手であった巫女の起源を継承して、極楽へのパートナーを演じてみせる。おそらく、真剣な信仰としての魂の交わりと、生業《なりわい》との境界は限りなく曖昧であった。

説話のメタファー

中世の『古事談』や『宇治拾遺物語』の道命阿闍梨と和泉式部の説話は、読経僧と遊女の記号と読むことが可能であろう。『古事談』の第一話、孝謙女帝と道鏡の説話と、『宇治拾遺物語』の第一話との対比を通じて、両者の共通性を指摘したことがあるが、この孝謙女帝こそ、如意輪観音信仰の最初といわれている。法輪寺にあった道命自身は虚空蔵菩薩《こくうぞうぼさつ》による求聞持法《ぐもんじ》の行者と考えられるが、観音信仰の隆盛によって、本尊を如意輪観音に引き寄せて意識されたのではなかろうか。如意輪観音求聞持法の行者にとって和泉式部のような好色の女こそ、極楽に導いてくれる玉女なのである。物語として書き留められたものの向こうに、手に届かない難解で抽象的な思想から、手に取れる現実をとった末流の音芸僧の世界があった。

邪教の勢いは、密教だけの問題ではない。形こそ違え、広く鎌倉新仏教も含めてほとんどの宗派に影響していたのである。中世が生み出した音芸の世界が宗派全体を覆うものではないことは、厳しい批判があり、自浄機能が働いたことが何よりも一番に証明している。ましてや伝説化された思想や行状は、それぞれの祖とされる僧たちと、はっきり区別して考えなければならない。

声明の隆盛

室町時代の読経僧の記録は、諸資料のなかに散見する。たとえば、書写山流声明や念仏で名高い円教寺では、歴代の長吏のなかにしばしば能読とされる『法華音曲』の達人がいた。読経僧が開山忌に『法華音曲』を行ない、談義所で談義僧とともに『法華音曲』を行なっていた（『鎮増私聞書《ちんぞうしもんき》』応永五年〔一三九八〕九月二十日条ほか）。『康富記《やすとみ》』応永二十九年（一四二二）六月五日条によれば、武蔵国村岡の読経僧の読経を聞いたときの記事がある。珍しい読み様で、早歌《そうが》と呼ばれ武士を中心にして流行した歌謡のようであった。聞くところによれば書写山流とのことであったという。この記事によって、十五世紀の京都ではすでにかつてのくるくると甲乙の声を寄り合わせて読む読経が、過去のものとなっていたことがわかる。

地方から中央へ、さまざまな寺院でさまざまな場で、新しい動きが生まれる一方、古代からの伝統を継承して専門僧の読経が行なわれていた。播磨国の清水寺からは、能読が醍醐寺の法会に参仕していた。同じ時代に東大寺では、練行衆《れんぎょうしゅう》の確保に苦労しつつも、法会のなかで華厳流声明『法華音曲』を守り抜いていた。「独経《どっきょう》」と呼ばれ、法会に参仕する三人を単位とした専門僧も活動していた（『法華巻八開示抄』貞慶作、永禄三年〔一五六〇〕書写奥書）。

中世から近世へ

行としての読経や修験者の呪術的な読経、日常のお勤めをするときの読経、法事の読経は、同音の等拍の読経である。専門僧の読経は、すでに一般の歌謡として行なわれることはなく、他の芸能とのかかわりも薄れた。他方では、本書では取り上げることができなかったが、日蓮宗の法華声明のように、中世になって新しく組み立てられ盛んになったものもある。

そしてかつての音芸読経と評された早く曲節を付けた当意即妙の読みは関連芸能を取り込みつつ、地神盲僧経・経文読み・早物語・鉦叩き・胸叩き・祭文などの多く下層の芸人のなかに残されていくのであった。それは唱導僧が変化してゆき、節談説教《ふしだんせっきょう》となり、講談や浪曲へとつながってゆく流れと同じであった。

現代と読経

今、読経の癒しの力が改めて注目されている。かつての学僧の求めた音の力の根源を今日問うには、宗教・音楽・言語・文学・歴史・民俗のそれぞれの領域に加えて、哲学・自然科学の領域からの視野も必要である。実際、音声心理学や言語認知学、大脳生理学の分野から読経や声明への注目がある。

情報環境学の山城祥二氏は読経の快感の謎を科学の面から解き明かしているが、併せて主な読経のCDを挙げているので参照していただくとよい（仏教の魅力4・「読経――脳細胞を溶融する読経の響き」、アエラムック『仏教がわかる。』、朝日新聞社、二〇〇〇年二月）。百聞は一見にしかず。読経をお聞きになる機会があったらどうか、心を澄ましていただきたい。読経が拓《ひら》く次の地平は何だろうか。

あとがき

この本がなぜ生まれたかを考える時、出会いの不思議さと、何者かに導かれているとしか思えないことが少なくない。ミッション・スクールで学生時代の大半を過ごしたが、専攻は日本中世文学であった。しかし、大学で最初に受けた国語学概論で、五十音図が完成できず、ショックを受けた。以降、指導いただいている安田尚道先生には頭が上がらない。先生は後に「先手必勝ですから」とおっしゃったけれど、日本人でありながら、表記する文字を正しく書けないという自分を知ったところから全ては始まった。日本語講師養成コースが正規の授業とは別に夜間に開講されていたので、そこで日本語を学ぶことにした。クラスは社会人も参加して、小さいながらも熱気があった。この間国語学の林巨樹先生には大変お世話になった。その後、新間進一先生の下で、『平家物語』に取り組んだが、歌謡の世界に道を開いていただいた。また中世歌謡研究会に参加する機会を得た。「読経」

は新間先生が後白河院の歌謡の世界を研究される中で示しおかれたテーマであった。そして、四年間連続して田中允先生の『平家物語』講読で、謡曲の表演を背景とした朗読を学べたのも幸いであった。田中先生からは、所蔵される『読経口伝明鏡集』について資料を賜った。

大学を卒業し公立学校の教員を勤めた後、ふたたび青山学院大学大学院で学んだ。システムとして、時代の異なる先生のゼミを取らなければならない。しかし、大変ではあったが後々までも有り難いと思うことが多い。第一、楽しかった。堀内秀晃先生の『和漢朗詠集』の複製本を用いた演習などを思い出すにつけ、苦笑されている先生のお顔が浮かぶ。池田重先生には論文の書き方を、糸賀きみ江先生には、日本文化の精神に目を開かせていただいた。そして大学院で時間をともにした方々は、専攻や年齢が異なっても今も交流がある。

その後、縁あって専門学校の留学生クラスでさまざまな学生に出会った。韓国・中国・タイ・インドネシア・マレーシア・スリランカ・バングラディシュ・イラン・マジャール諸島などの学生たち。彼らから学んだことの、なんと多かったことか。学生の母国語や文化を理解するためにとにかく勉強した。シンハラ語とは何か、発声・発音の問題をどうクリアするか。だが教えられることがはるかに多かった。初めて文字を下から上へ書くところを見せてもらったり、イスラムの詩の朗唱を聞いた。漢字文化圏の国々の独自の歩みも学んだ。それらは後に、北村弘明氏の紹介で日本語講師養成コースの日本語史ほかを担当する時に、貴重な財産となった。今もあの学生たちが目に浮かぶ。

「読経」というテーマはこうした今までの出会いの全てがあり、また、本書を書くにあたって大きな出会いを与えてくれた。順不同で申し上げれば、中国の少数民族研究のフィールド・ワークに取り組む宮本神酒男氏からはアジア文化への、法学の矢島基美氏は、生命倫理の話からキリスト教伝来、中世修道院文化への視界をもたらしてくださった。『平家物語』や語り物、伝承文学の研究の先生方にはさまざまな面で示唆を受けた。山下宏明氏には、オングの『声の文化と文字の文化』を教えていただいた。川田順造氏の『声』の解説もされた兵藤裕己氏のご紹介がなければ、本書は形とならなかった。

門外の一研究者に門戸を開き、あるいは問い合わせに快く応じて下さった各お寺の住職や執事の皆様、関係機関の方々、特に上野学園日本音楽資料室の福島和夫先生には、資料の面でも大変お世話になった。さらに、尾張徳川家菩提寺である性高院の廣中宏雄先生には、音楽理論の基礎と声明や念仏の心を教わった。その際、知遇を得た知恩院式衆会の皆様にも感謝ばかりである。また、府中市生涯教育センターで開催された音声・祈り・儀礼をテーマとする連続講座に二年間参加し、小島美子氏、新井弘順氏、薦田治子氏をはじめ優れた研究者の日本音楽研究の一端に触れることができたのも幸せであった。本書のために尽力下さった吉川弘文館にも感謝したい。

最後に、浄蓮華院の多紀頴信師が法華懺法の一節を口ずさんでくださったことと、平安日記文学研究者の宇留田初実氏のお母様の『般若心経』の訓読の美しさは今も消えない。本書を手にとられて、訓読の読経や外国語での読経、念仏あるいは関連する芸能などについてご存じの方があれば、ぜひお教えいただきたく思う。

二〇〇一年春

清水眞澄

参考文献と資料〔順不同〕

馬淵和夫編『醍醐寺蔵探要法華験記』、武蔵野書院、一九八五年十一月。

小西甚一『文鏡秘府論考　研究篇』、大八洲出版、一九四八年四月。

天野文雄・須田悦生・渡邊昭五編『芸能伝承の世界』講座日本の伝承文学6、三弥井書店、一九九九年三月。

岩原諦信『南流進流声明の研究』、一九三二年。

新間進一『歌謡史の研究　その一　今様考』、至文堂、一九四七年。

田中敬信「梁高僧伝の構成」、『印度学仏教学研究』一九―一、一九六〇年十二月。

渡邊昭五『庶民仏教と古典文芸』、世界思想社、一九八九年（のち『中世史の民衆唱導文芸』、一九九五年八月）。

高松政雄『日本漢字音の研究』、風間書房、一九八二年九月。

〃　『日本漢字音論考』、風間書房、一九九三年六月。

沼本克明『日本漢字音の歴史』、東京堂出版、一九九三年六月。

〃「読経口伝明鏡集解説並びに影印」、『鎌倉時代語研究』第十三輯、一九九〇年十月。

〃『平安時代に於る日本漢字音に就ての研究』、武蔵野書院、一九八二年三月。

〃『日本漢字音の歴史的研究――体系と表記をめぐって』、汲古書院、一九九七年十二月。

永池健二「〈解斎〉の歌謡――法文歌の場と表現――」、新間進一先生古稀記念『梁塵　日本歌謡とその周辺』、桜楓社、一九八七年十二月。

田中徳定「芸能としての読経――『紫式部日記』『栄花物語』に見える『読経争い』を発端として――」、『駒沢国文』第三十四号、一九九七年二月。

田中貴子『室町お坊さん物語』講談社新書、一九九九年六月。

清水眞澄「能読の世界――後白河院とその近臣を中心に――」、『青山語文』第二十七号、一九九七年三月。

〃「能読の系譜――『読経口伝明鏡集』を中心に――」、『国学院雑誌』、一九九七年四月。

〃「後白河院と読経――『平家物語』生成の一指標として」、横井孝編『源氏から平家へ』、新典社、一九九八年十一月。

〃「読む歌謡――四種の音芸を結ぶもの――『読経口伝』を始点として」、『日本歌謡研究』第三十八号、一九九八年十二月。

〃「『平家物語』生成伝承と書写山――読経の信仰・音芸・鎮魂の場をめぐって――」、『青山語文』第二十九号一九九九年三月
〃「能読の経読み伝承――音芸『読経』について――」講座日本の伝承文学6、一九九九年三月。


〈CD・カセット〉

最近の比較的に入手しやすいもののみ示す。ただし近年、製作枚数が絞り込まれる一方、廃盤が続いている事情を了承されたい。

○CDブック『声明　天台声明と五台山念仏へのいざない』天納傳中、春秋社、一九九九年二月。
○CDブック『声明　マンダラのきらめき――舞楽法要庭儀曼陀羅供』天納傳中、解説・大原魚山声明研究所〔天台宗〕・平安雅楽会、春秋社、一九九九年九月。

＊

○『響』演唱・天台宗、監修・子守秀恵、NHKサービスセンター、一九九三年。
○『声明――真言宗声明南山進流　中曲理趣三昧』演唱・高野山真言宗（一九八九年、グリンベルゲン〈ベルギー〉ライブ）、解説・新井弘順、キングインターナショナル、一九九四年。
○『東大寺お水取りの声明』演唱・東大寺（一九九六年八月、サントリーホール公演）、解説・木村清孝／森本公誠、キングレコード。
○『薬師悔過』演唱・薬師寺（一九九五年七月、東京芸術劇場大ホール）、解説・黛敏郎、日本コロムビア、一九九六年。
○『毘沙門灌頂厳修――二十世紀最後の秘法結縁』演唱・信貴山朝護孫子寺、監修・鈴木貴晶、日本コロムビア、一九九九年六月。
○『高野山金剛峯寺奥の院　月並御影供』（一九九三年録音）ビクターエンタテインメント、二〇〇〇年八月。

＊

○大法輪カセット仏教文庫
『成田山新勝寺のお経――理趣経と大護摩』

『浅草寺の観音経　読経と講話』
『読経とその功徳〔曹洞宗編〕』永平寺東京別院
『瑩山禅師と総持寺　法話と朝勤行』総持寺
『永平寺朝の勤行』永平寺
『浄土真宗（お西）』
『浄土真宗（お東）』
『浄土宗』
『曹洞宗』
『臨済宗』
『日蓮宗』

＊

○お経『日蓮宗　檀信徒勤行』、日蓮宗一道会、東芝ＥＭＩ。

＊

○『引声阿弥陀経』桜井真樹子、バンブー、一九九三年。
〈注〉唯一の女性による声明のＣＤとして貴重だが、本来の慈覚大師円仁所伝の『引声阿弥陀経』とは異なる。

＊

○『朝暮課誦』演唱・仏光山中国仏教研究院（一九七七年七月、仏光山大悲殿、録音）、指導・星雲大師、製作・呂炳川　風潮有声出版有限公司、音楽中国出版社、一九九三年十一月。

＊

○福島和夫校訂・著『日本音楽史料集成1　古版声明譜』、東京美術、一九九五年十一月。

〈注〉十巻まで刊行予定

○青柳隆志『日本朗詠史』研究篇・朗詠全二十四曲　笠間書院、一九九九年二月

〈注〉研究書とCDのセット

＊

読経を聴聞するには、各寺院の法会やお勤め、法事など実際の信仰の場で聴聞するほかに、声明の公演を拝聴する方法がある。代表的な公演としては、国立劇場がある。昭和四十一年（一九六六）から続けられて、二〇〇〇年までに三六回を数えている。密教修法の再現、雅楽や舞楽と融合した法会、論議問答、新作声明の取り組みなど、一般ではなかなか接しえない鑑賞の場となっている。また、各公演資料は本書でも参考資料とさせていただいている。いずれにしても、信仰と伝承に敬意を持つことを忘れてはならない。

著者紹介

一九五七年、静岡県静岡市に生まれる

一九九四年、青山学院大学院文学研究科日本文学・日本語専攻博士後期課程単位取得満期退学

現在、青山学院女子短期大学非常勤講師、聖徳大学非常勤講師

主要著書

延慶本平家物語考証 三・四〈共著〉 情報と表現〈共著〉 アエラ・ムック「平家物語」がわかる。〈共著〉 源氏から平家へ〈共著〉 軍記文学研究叢書7 平家物語 批評と文化史〈共著〉 講座日本の伝承文学 芸能伝承の世界〈共著〉

歴史文化ライブラリー
121

読経の世界
能読の誕生

二〇〇一年(平成十三)七月一日 第一刷発行

著　者　清《し》水《みず》眞《ま》澄《すみ》

発行者　林　英男

発行所　株式会社 吉川弘文館
東京都文京区本郷七丁目二番八号
郵便番号一一三―〇〇三三
電話〇三―三八一三―九一五一〈代表〉
振替口座〇〇一〇〇―五―二四四

印刷＝平文社　製本＝ナショナル製本
装幀＝山崎　登

歴史文化ライブラリー

1996.10

刊行のことば

現今の日本および国際社会は、さまざまな面で大変動の時代を迎えておりますが、近づきつつある二十一世紀は人類史の到達点として、物質的な繁栄のみならず文化や自然・社会環境を謳歌できる平和な社会でなければなりません。しかしながら高度成長・技術革新にともなう急激な変貌は「自己本位な刹那主義」の風潮を生みだし、先人が築いてきた歴史や文化に学ぶ余裕もなく、いまだ明るい人類の将来が展望できていないようにも見えます。このような状況を踏まえ、よりよい二十一世紀社会を築くために、人類誕生から現在に至る「人類の遺産・教訓」としてのあらゆる分野の歴史と文化を「歴史文化ライブラリー」として刊行することといたしました。

小社は、安政四年（一八五七）の創業以来、一貫して歴史学を中心とした専門出版社として書籍を刊行しつづけてまいりました。その経験を生かし、学問成果にもとづいた本叢書を刊行し社会的要請に応えて行きたいと考えております。

現代は、マスメディアが発達した高度情報化社会といわれますが、私どもはあくまでも活字を主体とした出版こそ、ものの本質を考える基礎と信じ、本叢書をとおして社会に訴えてまいりたいと思います。これから生まれでる一冊一冊が、それぞれの読者を知的冒険の旅へと誘い、希望に満ちた人類の未来を構築する糧となれば幸いです。

吉川弘文館

〈オンデマンド版〉
読経の世界
能読の誕生

歴史文化ライブラリー
121

2017年（平成29）10月1日　発行

著　者　清《し》 水《みず》 眞《ま》 澄《すみ》
発行者　吉 川 道 郎
発行所　株式会社 吉川弘文館
〒113-0033　東京都文京区本郷7丁目2番8号
TEL　03-3813-9151〈代表〉
URL　http://www.yoshikawa-k.co.jp/
印刷・製本　大日本印刷株式会社
装　幀　清水良洋・宮崎萌美

清水眞澄（1957～）

ISBN978-4-642-75521-4